MARIJKE DE WAAL MALEFIJT

Entgiftung und Stoffwechsel

Buch

Welche Aufgaben erfüllt die Leber in unserem Körper? Wie sehr beeinträchtigen körperlicher und auch emotionaler Streß dieses Organ? Besitzen alle Menschen den gleichen Stoffwechsel? Und welche Ernährungsformen heilen und fördern die Leber und ihre Funktion? Dieses Praxisbuch beantwortet all diese Fragen auf anschauliche und gut verständliche Weise. Außerdem beinhaltet es viele Tips und Übungen sowie wichtige Hinweise zur Selbstdiagnose.

Autorin

Marijke de Waal Malefijt arbeitet als Diätexpertin und Heilpraktikerin mit eigener Praxis. Außerdem ist sie als Dozentin für alternative Heilmethoden tätig.

MARIJKE DE WAAL MALEFIJT

Entgiftung und Stoffwechsel

Vom Einfluß und Umgang mit äußeren, innerlichen und emotionalen Giften

Aus dem Niederländischen
von Clemens Wilhelm

GOLDMANN

Die Originalausgabe erschien
unter dem Titel »Wat heb je op de lever?«
bei Uitgeverij Ankh-Hermes bv, Deventer.

Die Abbildung der Chakras auf Seite 44 ist dem Band »Licht-Arbeit«
von Barbara Ann Brennan (Goldmann 12054) entnommen.

Deutsche Erstausgabe

Umwelthinweis
Alle bedruckten Materialien dieses Taschenbuches
sind chlorfrei und umweltschonend.

Der Goldmann Verlag
ist ein Unternehmen der Verlagsgruppe Bertelsmann

Deutsche Erstausgabe Mai 1998

Illustrationen: Albert van der Velde,
Marijke de Waal Malefijt, Nerine Iken
Umschlaggestaltung: Design Team München
Layout/DTP: Martin Strohkendl
Druck: Elsnerdruck, Berlin
Verlagsnummer: 13961
Redaktion: Regina Konrad
GR · Herstellung: Stefan Hansen
Made in Germany
ISBN 3-442-13961-9

1 3 5 7 9 10 8 6 4 2

Inhalt

Einleitung

Die Ansicht, daß chronische Krankheiten Folgen einer Vergiftung des Stoffwechselsystems sind, findet in den letzten Jahren immer mehr Verbreitung. Insbesondere der Darm ist eine Eingangspforte für Giftstoffe und spielt daher eine wichtige Rolle bei der Entstehung von Krankheiten. Da wir unter anderem über die Nahrung, das Trinkwasser und die Atemluft ständig die verschiedensten Schadstoffe aufnehmen, können sich in Geweben und Organen Gifte ansammeln, zum Beispiel fettlösliche Schädlingsbekämpfungsmittel im Fettgewebe. Durch den ständigen Austausch zwischen der Interzellularsubstanz und dem Blut geben wir uns so gewissermaßen eine ständige Infusion mit Schadstoffen aus dem Fettgewebe.

Wir sind von etwa siebzigtausend verschiedenen chemischen Stoffen umgeben. Das Organ, das am stärksten unter den aufgenommenen Giftstoffen zu leiden hat, ist die Leber. Als die Entgiftungszentrale des Körpers muß sie täglich drei große Giftströme verkraften: vor allem aus der Umwelt stammende »äußere Gifte«, »innere Gifte«, wie zum Beispiel Abfallprodukte von Parasiten, und »emotionelle Gifte« wie negative Gedanken, Eifersucht oder Depressionen. Wenn die Giftstoffe nicht rasch abgebaut und entfernt werden, häufen sie sich im Körper an. Die Systeme, die hierdurch am stärksten belastet werden, sind das Nervensystem, das Hormonsystem, das Immunsystem und der Magen-Darm-Kanal. In diesem Buch werden verschiedene Entgiftungswege der Leber besprochen. Dabei werden unter anderem die Ursachen und Folgen einer nicht einwandfrei arbeitenden Leber und die Möglichkeiten behandelt, diese mit

Ernährungsvorschlägen (hierzu wird ein Muster-Tagesmenü vorgestellt), orthomolekularen Empfehlungen, verschiedenen Entgiftungsverfahren, Yoga-Übungen, Osteopathie und Massagetechniken zu unterstützen. Im Zusammenhang mit der gegenwärtigen toxischen Belastung werfe ich einen kritischen Blick auf verschiedene Fastenkuren, die heute oft mehr schaden als nützen. Es werden verschiedene Untersuchungsmethoden besprochen, und als Anhang ist eine ausführliche Stoffwechsel-Checkliste beigefügt.

Bei manchen Menschen ist der Stoffwechsel empfindlicher und das Entgiftungssystem träger als bei anderen. Drei Stoffwechseltypen werden hier ausführlicher beschrieben, um dadurch die Unterschiede in der Entgiftungskapazität der Leber näher zu erklären. Jeder Stoffwechseltyp braucht seinen eigenen Behandlungsplan.

Die Heilung der Leber wird praxisnah und umfassend erläutert. Dies beinhaltet unter anderem ein dreifaches Programm: Kräftigung, vor allem Stärkung der Abwehrkräfte, Entgiftung durch Ausscheidung von Abbauprodukten und Zufuhr von Ergänzungsstoffen wie zum Beispiel Aminosäuren, Vitaminen, Mineralen, Fettsäuren. Schließlich werden auch der Zusammenhang zwischen Ernährung und Arzneimitteln sowie Nahrungsmittelallergien, -unverträglichkeit und -belastungen behandelt, die negative Auswirkungen auf die Leber haben können.

1.
Die Leber und ihre Funktionen

Die Leber ist das erstaunlichste »Labor« der Welt. Mit einem Gewicht von etwa fünfzehnhundert Gramm ist sie das größte Organ des Körpers. Immer ist sie bereit, alle Schäden zu beheben, die wir uns durch Unwissenheit, Unerfahrenheit oder Gleichgültigkeit zufügen. Wenn wir uns durch unzweckmäßiges Essen und Trinken, zum Beispiel zuviel Kaffee, Schokolade, Alkohol, oder durch die Einnahme zu vieler Medikamente und toxischer Stoffe (siehe Abbildung 5 auf Seite 25) schaden, versucht die Leber, diese wiedergutzumachen.

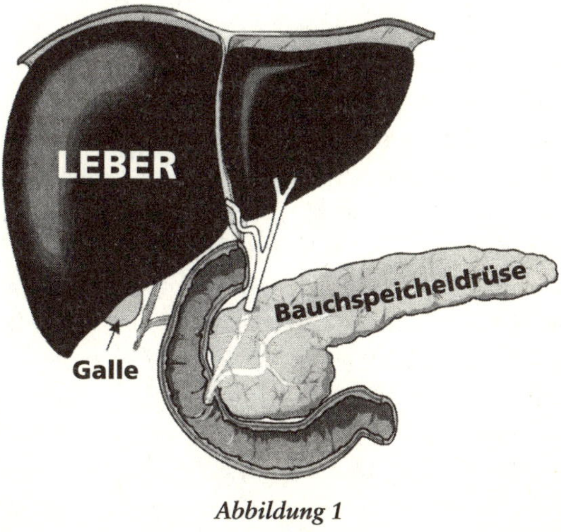

Abbildung 1

Die Leber bildet im Blutkreislauf eine Zwischenstation zwischen dem Magen-Darm-Kanal und dem venösen Teil des großen Blutkreislaufs. Alles Blut aus Magen und Darm muß erst die Leber passieren. Dadurch kann sie die Zusammensetzung des Bluts steuern, das im Darm die verschiedensten Stoffe aufgenommen hat. Damit spielt sie eine wichtige Rolle für die Überwachung der Konzentration der unterschiedlichsten Stoffe im Blut und direkt des inneren Milieus. Die Leber hat also große Bedeutung für das allgemeine Wohlbefinden.

Die Funktion der Leber kann man vereinfachend wie folgt zusammenfassen:

- Verarbeitung der im Darm aufgenommenen Nährstoffe, die über die Blutgefäße der Pfortader der Leber zugeführt werden.
- Verarbeitung von Abbauprodukten aus dem Zellstoffwechsel des ganzen Körpers und von Giftstoffen, Beispiel Arzneimittel, Umweltgifte, Lebensmittelzusätze.

Nach dem Abbau und der Entgiftung können diese Stoffe mit der Galle ausgeschieden oder an das Blut zurückgegeben und anschließend über die Nieren ausgeschieden werden.

Der anatomische Bau der Leber gewährleistet einen intensiven Kontakt zwischen Blutstrom und Leberzellen. Dadurch ist eine rasche Umsetzung der Stoffe möglich.

Die Leber schmiegt sich im rechten oberen Bauchraum an das Zwerchfell an. Sie besteht aus einem größeren rechten und einem kleineren linken Lappen. Die Blutversorgung der Leber erfolgt hauptsächlich über die Pfordader und zum kleineren Teil über die Leberarterie. Äste beider Gefäße führen in die Kapillaren (Haargefäße) der Leberläppchen. Das Blut verläßt die Leber über die Lebervene. Zwischen den Leberzellen befinden sich die Gallenkapillaren, die sich zu den kleinen Gallengängen vereinigen. An drei der sechs Ecken des Querschnitts eines Leberläppchens liegen die sogenannten Glisson-Dreiecke, die aus je einem Ast der Pfortader, der Leberarterie und einem Gallengang (Leberazinus) bestehen.

Im »Leberlabor« laufen unter anderem die folgenden chemischen Prozesse ab:

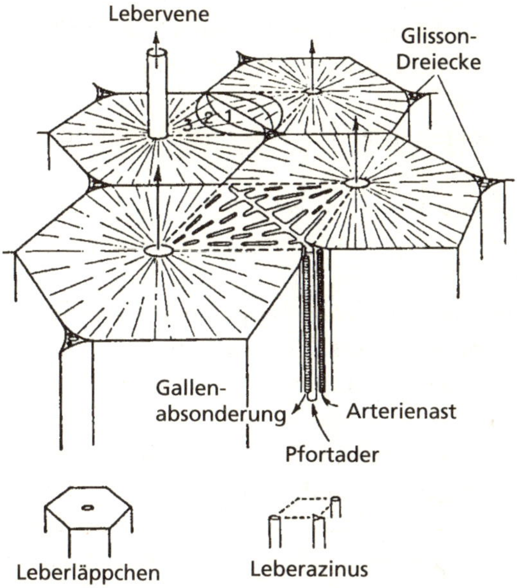

Abbildung 2
Schematische Darstellung der Gefäßversorgung der Leberläppchen

1. Kohlenhydratstoffwechsel
Die Leber ist das wichtigste Organ für die Aufrechterhaltung der normalen Glykogen-Konzentration im Blut. Bestimmte Abbauprodukte von Zuckern und Aminosäuren können in Glykogen umgewandelt werden (Zucker in gespeicherter Form). Glykogen wird unter dem Einfluß bestimmter Hormone wie Insulin, Adrenalin und Glucagon wieder in Glucose umgewandelt.

2. Eiweißstoffwechsel

Die Leber ist das wichtigste Organ für den Aufbau und Abbau von Eiweißen. Dabei wird unter anderem Harnstoff gebildet, der der Niere zugeführt und dort ausgeschieden wird.

3. Fettstoffwechsel

Die Fette werden hauptsächlich indirekt über die Lymphbahnen und den Blutkreislauf herangeführt. Die Fettsäuren werden in der Leber für die Verbrennung vorbereitet, bei der Energie frei wird. Weiterhin werden in der Leber auch bestimmte Fette gebildet.

4. Entgiftung

Die Leber kann Giftstoffe durch verschiedene Prozesse unwirksam machen, unter anderem durch Bindung an Eiweiße oder durch Strukturveränderung. Beispiele hierfür:

- Bildung von Harnstoff aus Ammoniak.
- Herstellung einer wasserlöslichen Form von Bilirubin, einem Abbauprodukt von Hämoglobin, dem roten Blutfarbstoff. Dieses Bilirubin gelangt als Gallenfarbstoff über die Gallenwege in den Darm und wird mit dem Stuhl ausgeschieden. Dieses Gallenpigment verleiht dem Stuhl seine Farbe.

Mit der Nahrung nehmen wir viele Stoffe auf, die im Körper keine Funktion haben oder sogar schädlich sind, so etwa Nahrungsmittelzusätze. Manchmal werden sie als Arznei- oder Genußmittel (zum Beispiel Kaffee) wegen ihrer Wirkung auf den Körper bewußt eingenommen. Die Aufgabe der Leber ist es dann, diese Stoffe unwirksam zu machen und gegebenenfalls zu zerlegen, um ihre Ausscheidung zu ermöglichen. Diese Ausscheidung kann über die Nieren oder mit der Galle erfolgen (siehe Abbildung 3 auf Seite 20).

Diese Umwandlung von Stoffen erfolgt meist über komplizierte chemische Vorgänge wie zum Beispiel Oxidation (Verbindung mit Sauerstoff), Reduktion (Entzug von Sauerstoff beziehungsweise Hinzufügung von Wasserstoff) oder Hydrolyse, einem Prozeß, bei dem eine chemische Verbindung durch Aufnahme von Wasser in kleinere Bruchstücke zerfällt. Bestimmte körperfremde Stoffe (Xenobiotika) wie zum Beispiel DDT*, PCB**, Arzneimittel und chlorhaltige Substanzen sind sehr gut fettlöslich und schwer abbaubar. Sie reichern sich im Fettgewebe des Körpers an.

5. Bildung von Galle

In der Leber wird täglich etwa ein Liter Galle gebildet. Galle besteht aus Wasser, Salzen der Gallensäuren, Bilirubin, Cholesterin, Fettsäuren und Elektrolyten. Man kann die Galle als Ausscheidungsprodukt der Leber betrachten, das sie die Abbaustoffe des Hämoglobins entfernt. Für die Verdauung sind vor allem die Salze der Gallensäure wichtig, insbesondere für die Verdauung von Fetten. Die Salze der Gallensäuren wirken stark emulgierend, wodurch die Fette sehr fein zerteilt werden und ihre Oberfläche stark vergrößert wird. Deshalb benutzte man Galle früher auch als Waschmittel. Weiterhin aktivieren die Gallensalze das Pankreasenzym Lipase und sie sind an der Resorption der Fettsäuren durch die Darmwand beteiligt. Die Gallensalze werden dabei zum größten Teil durch die Darmwand wieder aufgenommen, gelangen über die Pfortader nochmals in die Leber und werden dann erneut mit der Galle ausgeschieden. Diesen Vorgang bezeichnet man als enterohepatischen Kreislauf. Ein kleiner Teil davon wird mit dem Stuhl ausgeschieden. Diese Menge wird von der Leber laufend ergänzt.

6. Speicherfunktion

In der Leber werden neben Glykogen noch verschiedene Vitamine gespeichert, wie zum Beispiel Vitamin A, das in der Leber

* Dichlordiphenyltrichloräthan: ein Insektenbekämpfungsmittel.
** polychlorierte Biphenyle. Enthalten als Verunreinigung Dioxin.

aus Karotinen entsteht, sowie die Vitamine D und B_{12}. Weiterhin wird Eisen in Form von Ferritin gespeichert. Bei mangelnder Eisenzufuhr kann diese Substanz aus dem Speicher freigesetzt werden. Neben der Bildung der bereits genannten Plasmaeiweiße werden in der Leber einige Stoffe bereitet, die für die Blutgerinnung wichtig sind, die sogenannten Gerinnungsfaktoren.

7. Inaktivierung von Hormonen

Östrogene, Kortikosteroide und andere Steroidhormone werden in der Leber umgewandelt, an Glucuronsäure gebunden und mit dem Harn ausgeschieden.

8. Ausscheidung von Enzymen

Das Enzym alkalische Phosphatase wird hauptsächlich von Osteoblasten (»Knochenmutterzellen«, aus denen Knochengewebe gebildet wird) und von Leberzellen produziert. Dieses Enzym wird in hoher Konzentration mit der Galle ausgeschieden. Bei akuten oder chronischen Lebererkrankungen ist die Konzentration dieses Enzyms leicht erhöht, während sie bei einer Stauung der Leber bis zum Fünffachen des Normalwerts erreichen kann. Bei Lebermetastasen, aber auch bei Knochenerkrankungen wie Rachitis und Knochentumoren ist der Gehalt ebenfalls oft erhöht.

Eine Leberzelle enthält viele Enzyme, die bei einer Beschädigung der Zelle in die Blutbahn gelangen können. Die Konzentration dieser Enzyme im Serum (Blut) gilt als Maß für die Funktionsstörungen in Leberzellen. Diese Enzyme werden unter anderem bestimmt bei Gelbsucht, Alkoholmißbrauch, Medikation mit Auswirkungen auf die Leber, Virusinfektionen, Einnahme von Drogen, allgemeinem Unwohlsein, starker Müdigkeit, Magersucht und verfärbtem Stuhl. Für klinische Anwendungen wird meist SGPT (Serum-Glutamat-Pyruvat-Transaminase), SGOT (Serum Glutamat-Oxalacetat-Transaminase) und LDH (Lactat-Dehydrogenase) abgenommen. Die beiden letzteren sind auch erhöht bei einem Herzinfarkt und bei hämolytischer Anämie. Das Verhältnis zwischen den verschiedenen Isoenzymen ist bei einem Herzinfarkt anders als bei einer Leberschädigung. Die Bestimmung von SGOT, SGPT und LDH im Labor gibt Hinweise zur Beurteilung eines Leberzellenzerfalls.

Bei einer regulären Leberfunktionsprüfung kann nur ein kleiner Teil der vielfältigen Funktionen der Leber getestet werden. Wenn ein Allgemeinarzt oder Spezialist aufgrund einer solchen Untersuchung erklärt, daß mit der Leber eines Patienten alles in Ordnung sei, dann ist dies meiner Meinung nach eine voreilige und unrichtige Schlußfolgerung.

9. Regelung der Konzentration bestimmter Blutbestandteile

Verschiedene Stoffe, die nicht als solche mit der Nahrung aufgenommen werden, werden doch in bestimmten Konzentrationen im Blut benötigt. Ein großer Teil dieser Stoffe wird in der Leber bereitet. Die Regelungsmechanismen für diese Konzentrationen müssen noch genauer erforscht werden.

Auch der Cholesteringehalt des Bluts wird in der Leber geregelt. Cholesterin ist ein notwendiger Baustoff für Zellmembranen und die Markscheiden von Nerven. Weiterhin ist es Ausgangssubstanz für die Steroidhormone und Vitamin D sowie für die Bildung saurer Gallensalze.

2.
Die Leber, die große Entgifterin

Wie schon gesagt, setzt sich die Meinung immer mehr durch, daß chronische Krankheiten Formen einer Vergiftung des Stoffwechsels sind.

Beispiele für die Konzentration von Giftstoffen im Körper:
- PCB in der Muttermilch.
- Quecksilberablagerungen im Gehirngewebe, die der Zahl der mit Amalgam gefüllten Zähne direkt proportional sind.
- Blei, das unter anderem bei Kindern zu einem Rückgang des IQ führt.

Die Leber ist die Entgiftungszentrale des Körpers. Ohne Leber könnten wir in unserer stark verschmutzten Umwelt nicht überleben. Daß die meisten Menschen noch relativ gesund sind, obwohl sie einer Fülle von Giftstoffen in Luft, Wasser, Boden und Nahrung ausgesetzt sind, verdanken sie ihrer Leber, die diese Giftstoffe unwirksam macht.

Die Schleimhaut im Magen-Darm-Kanal bildet eine Schranke zwischen dem Körper und dem Darminhalt. In diese Schranke können »Breschen« geschlagen werden. Da die Schleimhaut regelmäßig verschiedenen Giftstoffen ausgesetzt ist, wird sie »undicht«. Die Giftstoffe lassen sich wie folgt gliedern:
- *Äußere Gifte:* zum Beispiel Abgase, Formaldehyd, Druckertinte aus der Umwelt; Alkohol, Drogen, Arzneimittel, Ge-

nußmittel, Nahrungsmittelzusätze, Schädlingsbekämpfungsmittel, ungesunde Ernährung.

- *Innere Gifte:* zum Beispiel durch Dysbiose (ein »Komposthaufen« im Darm, der unter anderem entstehen kann, wenn sich dort Schimmelpilze und Parasiten aufgrund von Antibiotika-Mißbrauch und falscher Ernährung vermehren); Schlackenstoffe durch Stoffwechselstörungen.
- *»Emotionelle Gifte«:* zum Beispiel durch negative Gedanken, Streit, Eifersucht, Depression, Aggressivität, nicht verarbeitete Emotionen, Streß.

Alle diese Stoffe gelangen in die Blutbahn und müssen von der Leber unschädlich gemacht werden. Wenn die Giftstoffe nicht rasch genug abgebaut und ausgeschieden werden, sammeln sie sich im Körper an. Die Systeme, die hierauf am empfindlichsten reagieren, sind das Nervensystem, das Hormonsystem, das Immunsystem und der Magen-Darm-Kanal. Die Leber wird heute durch solche Giftstoffe stark belastet. Bei einer abnormen Durchlässigkeit des Darms erhöht sich die Zufuhr noch. Wenn die Leber nicht mehr einwandfrei arbeitet, spricht man von einer dysfunktionellen Leber. Dies ist noch nicht dasselbe wie eine kranke oder geschädigte Leber, bei der man oft erhöhte Leberenzyme feststellt. Manche Menschen entgiften zu schnell, andere zu langsam. Beides führt im Körper zu Problemen. Die langsamen, schlechten Entgifter nennt man in Amerika nicht ohne Grund die »Kanarienvögel« der heutigen Gesellschaft: Diese Tiere wurden früher in Bergwerken eingesetzt, weil sie besonders empfindlich auf Giftgase reagieren. Ihr Tod rettete Menschen das Leben. So sind heute viele Menschen »Kanarienvögel«, weil sie uns mahnen, daß wir immer mehr Opfer unserer eigenen Gifte zu werden drohen. Ich hoffe, daß nicht noch mehr Menschen und Tiere sterben müssen, bis wir endlich begreifen, daß wir auf dem falschen Weg sind. Der Unterschied zwischen einem schnellen und einem langsamen Entgifter liegt nur im schnellen oder langsamen Tod.

Die Entgiftung muß darin bestehen, daß man toxische oder belastende Reizstoffe aus seiner Nahrung und Umgebung entfernt, seine Ernährungsgewohnheiten ändert und gesunde Nahrungsmittel zu sich nimmt, seine Wohn- und Arbeitsumgebung anders gestaltet und schließlich auch versucht, sich von »emotionellen Giften« zu befreien. Manche Menschen sind mehr Giftstoffen und mehr »emotionellem Gift« ausgesetzt als andere, wobei allerdings die individuelle Empfindlichkeit eine große Rolle spielt. Streß, aber auch »giftige« Beziehungen kann man schlicht als »giftige Lebensweise« bezeichnen.

Die Leber besitzt, vereinfacht ausgedrückt, zwei komplexe Mechanismen zur Entgiftung:

Phase 1

Die Leber kann innere und äußere Giftstoffe mittels einer Gruppe von Enzymen (Zytochrom P 450) umwandeln. Viele chemische Arzneimittel zerstören diese Gruppe von Enzymen, die in mindestens 71 verschiedenen Genen kodiert sind. Daher gibt es viele individuelle Variationen und damit unterschiedliche Entgiftungsleistungen. Wenn in dieser Phase nur ungenügend entgiftet wird, entstehen viele sogenannte frei Radikale. Dies sind äußerst aggressive chemische Verbindungen, die unter anderem Gewebeschädigungen bewirken können. Hierauf komme ich später noch zurück.

Phase 2

Die Leber macht die von den Enzymen umgewandelten Giftstoffe wasserlöslich, indem sie sie an Wasser bindet (Konjugationsphase), so daß sie über die Galle und den Harn ausgeschieden werden können. Auch die Geschwindigkeit dieses Ausscheidungsvorgangs ist individuell verschieden. Eine Blockade in dieser Phase kann zu Gallenblasenbeschwerden, Nierenbeschwerden und anderen Vergiftungserscheinungen führen. Vergleichen Sie die nachfolgend genannten Symptome.

Es sind unter anderem Antioxidanzien (Radikalfänger) erforderlich, um in Phase 1 die Bildung von Radikalen zu hemmen. So etwas Selen, Zink, Glutathion, Beta-Karotin, Vitamin C und Vitamin E. Die Menge freier Radikale im Blut ist heute mittels des Melonaldehydtests meßbar.

Weiterhin werden für Phase 2 die entsprechenden Aminosäuren und ihre Kofaktoren wie Vitamin B_{12}, Folsäure, Magnesium benötigt.

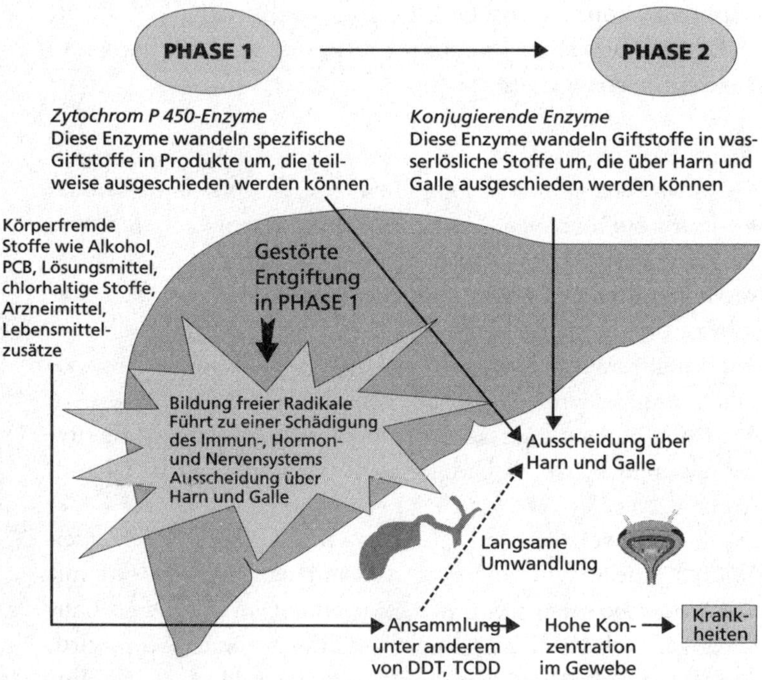

Abbildung 3
Entgiftungsprozesse in der Leber

Nachfolgend die Symptome einer toxischen Belastung, die die Folge einer mangelnden Entgiftung in der Leber sein können.

- *Darm:* Diarrhöe, breiiger Stuhl, Blähungen, Verstopfung, unverdaute Nahrungsmittel im Darm, schlechter Atem, geblähter Bauch, stinkender Stuhl, ockergelber, grüner Stuhl.
- *Leber:* erhöhte Leberfunktion, Leberschmerzen, erhöhte Blutfette, Blutzuckerprobleme.
- *Nervensystem und Immunsystem:* Depressionen, Angstzustände, Konzentrationsstörungen, Müdigkeit, Reizbarkeit, Lernschwierigkeiten, Allergien.
- *Haut:* Ekzem, Juckreiz, fette oder trockene Haut, blaue Flecken, brüchige Nägel.
- *Lungen:* Asthma, Hyperventilation, Bronchitis, Aushusten von Schleim.
- *Blase und Nieren:* stinkender Harn, kaffeefarbiger Harn, Harnwegsinfektionen, Ödem, hoher Blutdruck.
- *Vagina und Prostata:* Candidose, Pilzinfekionen, Prostatavergrößerung, Prostataentzündung.
- *Hormonsystem:* Hormonstörungen, zum Beispiel in Schilddrüse, Bauchspeicheldrüse oder Eierstöcken.
- *HNO:* laufende Nase, Schleimhautentzündungen, Ohreiterung.

Der Körper versucht mit allen ihm zur Verfügung stehenden Mitteln, eine Störung zu beheben. Wenn man aber die Haut mit Cortisonsalbe verstopft, Entzündungen mit Antibiotika behandelt, wodurch das Risiko einer Candidose noch größer wird, und Durchfalltabletten, Hormontabletten und ähnliches einnimmt, steigt die Belastung der Leber – mit allen entsprechenden Folgen.

So nehmen wir immer mehr Gift in uns auf, bis wir schließlich zu wandelnden Sondermülldeponien werden.

Streß erzeugt durch eine Zunahme der Oxidationsprozesse,

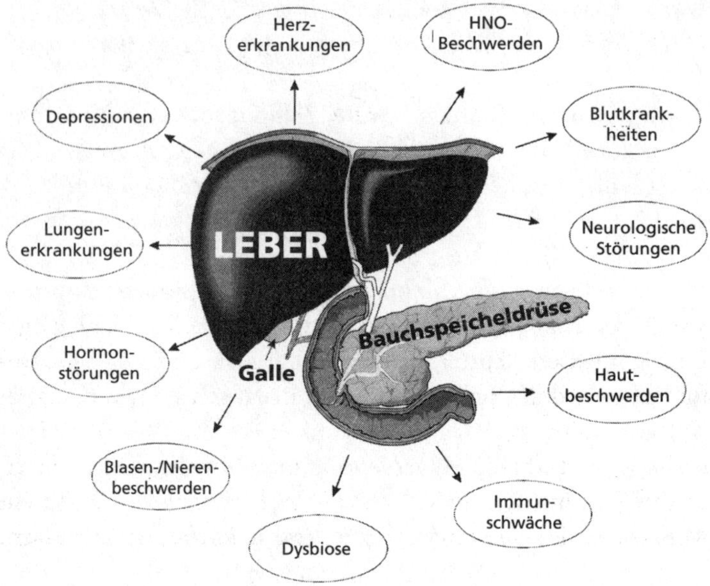

Abbildung 4
Krankheitsmodell auf der Basis einer dysfunktionellen Leber

durch die wiederum freie Radikale entstehen, eine andere Art von Gift, das uns heute bedroht: »Streß-Gift«, das ebenfalls negative Auswirkungen auf die Leber hat. Was ist eigentlich Streß, und welche Form ist für die Leber belastend? Dies ist das Thema des nächsten Kapitels.

3.
Streß

»Streß«: das aus dem Englischen stammende Wort hat längst Einzug in unsere Wörterbücher gehalten. Die dort gegebene Definition ist jedoch nicht unbedingt befriedigend: »Ein Zustand, der bestimmte Abwehrmechanismen in Gang setzt.« Diese Formulierung ist angreifbar und zumindest unvollständig – Streß umfaßt viel mehr. Man kann Streß am besten als Signal für ein Mißverhältnis zwischen *Belastung* und *Belastbarkeit* auffassen.

Zur *Belastbarkeit* gehören unter anderem:

- kognitive Fähigkeiten, die man erworben hat, um mit Belastungen umzugehen.
- emotionelle Fähigkeiten, die man sich in der Lebenspraxis für den Umgang mit Belastungen erworben hat: Optimismus, Flexibilität, Verarbeitung negativer Emotionen.
- soziale Fähigkeiten.
- physische Anpassungsfähigkeit: Kondition, Vitalstoffstatus, zum Beispiel ausreichendes Vorhandensein von Vitaminen und Mineralen, erbliche Immunität (biologische Faktoren).
- soziale Unterstützung von Gesellschaft, Familie, Partner.
- Persönlichkeit: emotionelle Stabilität, Introversion oder Extraversion, Fähigkeiten, Bedürfnisse und so weiter.

Zu den *Belastungen* zählen:

- »Elektrostreß«. Die elektrischen und magnetischen Prozesse, die im Körper das Leben steuern und regeln, sind so subtil, daß sie nur mit äußerst empfindlichen Meßmethoden sichtbar gemacht werden können. Teilweise millionenfach stärkere, künstliche elektromagnetische Felder, denen wir heute überall ausgesetzt sind, gehen durch den Körper hindurch und stören diese Lebensprozesse. Wo Strom erzeugt, transportiert oder verbraucht wird, kann Strahlung entstehen, die in Zellprozesse eingreift, genetische Informationen beeinflußt und dadurch krankmachend wirkt. Elektrische Leitungen, Mikrowellenherde, Fernsehgeräte, elektrische Geräte, Computer und Hochspannungsleitungen sind Streßverursacher, die unter anderem unerklärliche Müdigkeit, Kopfweh, Schlafstörungen, Nervosität, Schmerzen, Krämpfe, Rheuma und sogar Krebs zur Folge haben können. Der Ausdruck »Ich stehe unter Hochspannung« hat also einen wahren Kern. Wulf-Dietrich Rose behandelt dieses Thema in seinem Buch *Elektrosmog, Elektrostreß* umfassend. Die Bildung freier Radikale durch Elektrostreß belastet die Leber in hohem Maße.

- Geopathischer Streß: Elektromagnetische Felder und »Erdstrahlen« in der Wohnung oder am Arbeitsplatz können krank machen. Wir sind von Strahlungen umgeben, die unaufhörlich auf uns einwirken.
- Umweltstreß: Abgase, Pestizide, Wasserverschmutzung.
- Arzneimittelstreß: Mißbrauch chemischer und nichtchemischer Arzneimittel, zum Beispiel zu viele homöopathische Komplexmittel, Überdosierung von Vitaminen und Mineralen.
- emotionaler Streß: Mißhandlung, Inzest, Vergewaltigung, Flugzeugentführung, Unfälle, Bedrohungen.
- physischer Streß: Operationen, Unfall, Schlafmangel, Überarbeitung oder Übertraining, Entzündungen.
- Genußmittelstreß: Tabak, Alkohol, Kaffee, Drogen.

In allen Gemeinden finden heute regelmäßig Sondermüllsammlungen statt. Die Mengen chemischen Abfalls, die in einem Durchschnittshaushalt anfallen, sind beeindruckend, doch ist

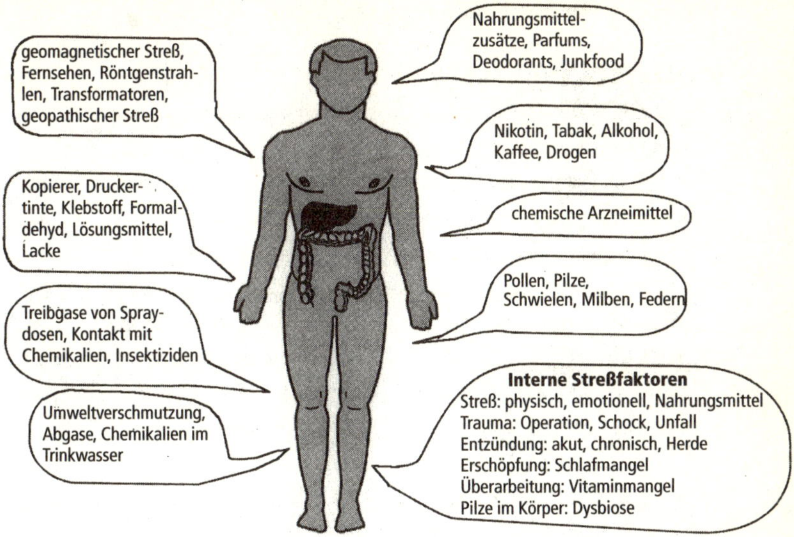

Abbildung 5

dies wenigstens noch sichtbar. Mindestens ebenso beeindruckend, nur weniger gut sichtbar, ist der chemische Abfall, den unser eigener Körper tagtäglich ansammelt. Die Abbildung oben läßt erkennen, daß wir von Giftstoffen überschwemmt werden. Betrachten wir einmal einen ganz normalen Tag. Wir atmen Abgase ein, wenn wir mit dem Fahrrad fahren. Weiterhin besteht unsere tägliche Abhängigkeit von Kaffee, Tee, Alkohol und Zucker. Wir essen warme Mahlzeiten mit insektizidbelastetem Gemüse und Fleisch mit Antibiotikarückständen. Am Arbeitsplatz nehmen wir schädliche Stoffe auf, wenn wir etwas kopieren, kleben oder (passiv) rauchen. Wenn wir etwas für unsere äußere Schönheit tun, belasten wir uns durch den Gebrauch von parfümierter Seife, Deodorants, Hautcremes und Haarsprays mit Schadstoffen. Wir sind, kurz gesagt, eine wandelnde Sammelstelle für Sondermüll. Das Verhältnis zwischen Belastung und Belastbarkeit stimmt nicht mehr.

Ein Streßmodell

Streß hat vier diagnostische Ebenen:

1. Streß hat eine subjektive Seite. Körperliche Reaktionen wie zum Beispiel Hyperaktivität können unterschiedlich erlebt werden. Positiv kann dies als Energieschub erfahren werden, negativ als das Gefühl, »überdreht« zu sein.
2. Streß hat eine körperliche Seite.
3. Streß hat eine verhaltensmäßige Seite. Dies ist das Thema der Stressoren und der Problem- und Streßbewältigung.
4. Streß hat eine soziale und beziehungsbezogene Seite. Der »Krankheitsgewinn«, das Vorhandensein oder Fehlen von sozialer Unterstützung muß hier näher betrachtet werden.

In der nebenstehenden Tabelle zeige ich die verschiedenen Stressoren auf, die sich auf drei Symptomebenen manifestieren können. Die meisten von uns kennen die Muskelverspannungen, Stimmungsschwankungen, Magen-Darm-Beschwerden, den hohen Blutdruck, die Kopfschmerzen, das Schwitzen und die Schmerzen in der Brust. Folgendes Schema zeigt, daß es noch viele weitere Symptome gibt. Die erste Stufe ist die Alarmphase; danach werden die Symptome schwerwiegender, es folgen intensivere Abwehrmechanismen des Körpers und schließlich die Symptome, die *pathologischen Charakter* haben.

Der Adaptationsmechanismus bei Streß umfaßt folgende Phasen:

Alarmphase
Der Stressor tritt auf, und man macht sich aktionsbereit: Kampf oder Flucht. Wenn diese Reaktion geäußert wird, kehrt man in die Ruhephase zurück.

Stressoren			
Berufsstreß	*Giftstoffe*	*Belastung*	*Persönlichkeit*
– Rollenunsicherheit – Rollenkonflikt – Überlastung in der Rolle – Überschreitung von Grenzen innerhalb der Organisation – Verantwortlichkeit für Menschen – Beziehung zu anderen – Forderungen am Arbeitsplatz – Arbeitsmotivation, Arbeitsbefriedigung	– Umwelt – Ernährung – Medikation – Amalgam, Quecksilber	– Lärm – Elektrostreß – Impfung – Operation – Infektion – (passiv) Rauchen – Alkohol – Drogen – geopathische Belastung	Lebensereignisse: – Inzest, Vergewaltigung – Bedrohung – Entführung – Mißhandlung – Unfälle – Rituale Veränderungen: – Tod des Partners – Tod von Eltern und Kindern – Scheidung – Entlassung – finanzielle Schwierigkeiten – Umzug
1. Alarmphase			
– Versagensangst – Enttäuschung – Hilflosigkeit – Bedrohung – soziale Isolierung – Frustration – Zurückweisung – Ausfallzeit durch Krankheit – Demotivierung	– Schmerzen – Hunger, Durst – Veränderungen der physiologischen Funktion – Infektionen – Vergiftung – Symptome wie Kopfschmerzen, Krämpfe, Drüsenschwellung, Ödem	– Abhängigkeit – Müdigkeit	– posttraumatischer Streß – Multiple Persönlichkeit
2. Abwehrreaktion			
– Aggressivität – AAS (Allgemeines Anpassungssyndrom) – physiologische Kompensation – Suche nach einem Sündenbock	– Aggression – physiologische Kompensation – Hyperaktivität – Erschöpfung	– Aggression – Ausflüchte – Projektion – Passivität – extreme Müdigkeit	– Depression – Abwehrmechanismen wie Projektion, Passivität, Regression, manisches Verhalten, Paranoia, Verleugnung, Intellektualisierung, Verdrängung

3. Pathologische Reaktion			
Berufsstreß	*Giftstoffe*	*Belastung*	*Persönlichkeit*
– Verzweiflung – Apathie – Auflösung der sozialen Bindungen – asoziales Verhalten	– Krankheiten – degenerative Prozesse – Pathologie freier Radikale – ökologische Allergie	– degenerative Prozesse – neurologische Prozesse – energetische Störungen	– Selbstmord – destruktives Verhalten

Kompensationsphase
Wenn der Stressor zu stark ist oder zu lange anhält und Impulse unterdrückt werden, versucht man, sich an die Situation anzupassen. Mit dem Kompensationsverhalten »Kopf hoch«, »stark sein«, »Schultern nach unten«, »Bauch rein, Brust raus«, »Zähne zusammenbeißen« kommt man einige Zeit »über die Runden«.

Pathologische Phase
Wenn der Streß weiter anhält, geben Körper und Geist früher oder später auf, und man bricht zusammen. Man wird krank, depressiv. Die Erschöpfungsphase beginnt, man leidet an einem Burn-out-Syndrom.

Dieser Prozeß ist insbesondere für die Leber, die die ganze Zeit die Kompensationsenergie regeln mußte, zu einem Marathonlauf geworden, bei dem das Ziel nicht in Sicht kommt. Wenn man auf seine Leber keine Rücksicht nimmt, kommt der Tag, an dem sie ihre Dienste verweigert. Es ist klar, daß dies schwere Folgen hat. Die Punktzahl auf der Stoffwechsel-Checkliste (siehe Anhang) wird so hoch, daß man sich dem »Punkt ohne Wiederkehr« nähert. Wenn dann das Immunsystem geschwächt wird, entstehen schwere Krankheiten: MS, chronische Virusinfektionen, Rheuma, Krebs und viele andere.

Bewältigungsstrategien

Was kann man gegen diese Stressoren tun? Es gibt hier verschiedene Strategien, wobei jeder seine Vorlieben hat. Wichtig ist, daß man die Lösung nicht nur auf dem Gebiet der Ernährung, sondern auch im psychischen und sozialen Bereich sucht.

Herzinfarkten beugt man nicht dadurch vor, daß man fettarm ißt und das Ei vom Speisezettel streicht. Ganz so einfach geht es nicht. Streßbewältigung mittels Entspannung oder »Loslassen« bedeutet, daß man im körperlichen, emotionellen und mentalen Bereich etwas tun muß. Ich nenne nachfolgend einige Möglichkeiten:

- psychische Entlastung durch klärende Gespräche mit Partnern, Freunden oder einem Therapeuten.
- Entspannung durch Musizieren oder Musikhören, Yoga, Meditation und kreative Hobbys.
- regelmäßige körperliche Bewegung, zum Beispiel durch Wandern, Radfahren, Tai Chi, Yoga. Die Bewegung muß mäßig und regelmäßig sein, um eine günstige Wirkung zu erzielen.
- gesunde Ernährung und Ergänzungsstoffe.
- Atemübungen.
- Entspannungsmassage, Visualisierungsübungen, Rezitation von Mantras, autogenes Training, (Selbst-) Hypnose.
- geregelte Lebensweise: zeitig ins Bett, zeitig aufstehen (biologische Rhythmen), zu festen Zeiten essen, mindestens drei Mahlzeiten am Tag zu sich nehmen, achtmal am Tag ein Glas Mineralwasser ohne Kohlensäure trinken, um Schlackenstoffe auszuschwemmen, täglich mindestens fünf Minuten eine Ruhepause einlegen, in der man wirklich nichts tut. Geben und empfangen Sie mindestens einmal täglich Zuneigung, tun Sie mindestens einmal pro Woche etwas einfach

deshalb, weil es Ihnen Spaß macht. Versuchen Sie, Sorgen und Probleme aus der Distanz zu betrachten (mentale Entspannung).

- Gewöhnen Sie sich einen optimistischen und vertrauensvollen Blick auf das Leben an. Haben Sie positive Gedanken.
- Führen Sie täglich die Lichtdiät durch oder gehen Sie ins Freie, um sich vom Licht der Sonne bescheinen zu lassen, damit Sie Ihre tägliche Portion Vitamin D bekommen und alle Chakras aufladen.
- Bringen Sie mittels bunter Kleider, einer farbigen Umgebung, Farben in der Ernährung (zum Beispiel ein bunter Salat) Farbe in Ihr Leben. Farben laden ebenfalls die Chakras auf.
- Lassen Sie sich nicht zum Sklaven der Uhr machen.

Positive Gedanken können die Lasten erleichtern. Daß Gedanken »Kräfte« haben, zeigt das nächste Kapitel. Ich gehe in den folgenden Ausführungen davon aus, daß auch der Ursprung der Emotionen im Geist, in Denkmustern zu suchen ist.

4.
Gedankenkräfte

Ein großer Strom von »Gift«, den unsere Leber täglich verarbeiten muß, ist das »emotionelle Gift«. Wie in den obigen Kapiteln bereits dargestellt, ist die Leber ein Organ mit äußerst vielseitigen Funktionen. Fassen wir noch einmal kurz ihre wichtigsten Aufgaben zusammen, und stellen wir dann einen symbolischen Zusammenhang mit der Verarbeitung von Emotionen her:

- Speicherung und Freisetzung von Energie.
- Umwandlung verschiedener Stoffe.
- Bildung verschiedener Stoffe.
- Entgiftung.

Bezüglich der psychischen Bedeutung der Redewendung »Mir ist eine Laus über die Leber gelaufen« kann man sich die nachfolgenden Fragen stellen:

1. Welche Emotionen blockieren meine Energie, und welche Emotionen setzen Energie frei?
2. Kann ich emotionelle Eindrücke gut umsetzen und verarbeiten? Habe ich zu viele oder zuwenig emotionelle Impulse? Überschreite ich eine Grenze, oder halte ich mich zu sehr an Grenzen?
3. Steht die Bildung von die Lebenskraft fördernden Emotionen in einem guten Verhältnis zur Bildung von destruktiven Emotionen?
4. Kann ich unterscheiden, was für mich gut ist und was »Gift«

für mich ist? Gelingt es mir, meine negativen Emotionen gut zu »entgiften« (verarbeiten) oder zu transformieren?

Es gibt viele Signale aus dem Bereich der Psyche, die zu krankmachenden Impulsen für den Körper werden können. Ich werde hierauf nicht im einzelnen eingehen, da es hierzu bereits genügend Literatur gibt. Einen Aspekt möchte ich jedoch herausgreifen, der in unserer Zeit eine große Rolle spielt, nämlich die Empfindung der Wut. Eine der stärksten Triebfedern des Menschen ist, wie man seit Freud und Jung weiß, sein Liebesbedürfnis. Der Mensch trägt jedoch auch eine andere Emotion in sich: die Wut. Diese »Energie« hat einen ganz erheblichen Einfluß auf das menschliche Verhalten, die geistige und körperliche Gesundheit und vor allen Dingen auf die Leber. Unterdrückte Aggressivität, Feindseligkeit, Groll, Zorn, Enttäuschung und Frustration können sich »auf die Leber schlagen«. Es gibt hier zwar Abstufungen, die ich jedoch in diesem Buch unberücksichtigt lassen will – alle diese Gefühle sind Brennstoff für dasselbe Feuer. Ich möchte hiermit deutlich machen, daß es neben dem physischen Verdauungsfeuer auch ein emotionelles Feuer gibt, und auf Möglichkeiten hinweisen, wie man dieses unter Kontrolle halten und in einer konstruktiven Weise nutzen kann. Sie lernen also in diesem Buch nicht nur, für die richtige körperliche Nahrung zu sorgen, sondern auch das emotionelle Feuer in der richtigen Weise zu nähren.

Die klare Wahrnehmung und sinnvolle Kanalisierung dieser stets vorhandenen Emotion können Ihr ganzes Leben verändern, es behaglicher, produktiver machen. Daneben können Sie damit auch schweren Erkrankungen – unter anderem der Leber – vorbeugen.

Auf der Suche nach der verborgenen Wut

In diesem Kapitel geht es vor allem um die Wut, die aus dem Umgang des Menschen mit seinen Mitmenschen und mit sich selbst entspricht. Wenn jemand zu einem anderen »Geh zum Teufel«, »Ich hasse dich« oder »Ich könnte dich umbringen« sagt oder einen anderen körperlich angreift, ist klar, daß der Betreffende Wut zum Ausdruck bringt. Wut kann aber auch unterschwellig vorhanden sein, so daß sie weder der Wütende selbst noch sein »Opfer« erkennen. Es gibt in unserer Sprache eine Fülle kaschierender Äußerungen für Wut, die von freundlich klingenden Sätzen, die ihre wahre Bedeutung nicht verbergen, bis zu einer vollkommenen Verleugnung der Wut reichen. Man kann die Redewendungen, die eine unterschwellige Wut ausdrücken, grob in drei Kategorien einteilen:

1. Abgewandelte Äußerungen von Wut.
Hiermit wird die Wut direkt geäußert, jedoch in einer abgemilderten Form, wie zum Beispiel: es ärgert mich, es irritiert mich, ich habe es satt, es hängt mir zum Hals heraus, ich bin es leid, es frustriert mich. Frustration ist nicht nur eine fundamentale Ursache von Wut; der Ausdruck »ich war frustriert« wird oft auch benutzt, um seine Wut auf andere Weise zu artikulieren.

2. Indirekte Äußerungen von Wut.
Diese sind stärker kaschiert. Beispiele: ich bin enttäuscht, ich bin verletzt, ich bin nicht wütend, sondern traurig, das tut mir weh, reden wir nicht davon, sie wissen es nicht besser, der Klügere gibt nach.

3. Die verschiedenen Arten von Niedergeschlagenheit.
Hierzu gehören Redewendungen wie: am Boden zerstört sein, sich erledigt, verzweifelt, machtlos fühlen, wofür plage ich mich eigentlich, ich bin doch immer der Dumme, ich habe es so satt,

ich möchte lieber tot sein. In diesen Fällen ist sich der Betreffende seiner Wut nicht bewußt, sondern äußert sie in Form depressiver Empfindungen. Wut kann in verkappten Handlungen und Worten zutage treten.

Entstehungsbedingungen der Wut

Wir beginnen unser Leben als Wesen, das an nichts anderem als der Befriedigung seiner Wünsche interessiert ist. Kaum schreien wir vor Hunger einige Male, stillt uns unsere Mutter schon. Wenn unsere Blase oder unser Darm voll ist, entleeren wir uns einfach und werden gereinigt. Währenddessen werden wir liebkost und gestreichelt. Das hilflose Baby braucht diese ideale Welt, um überleben zu können. Wenn das Kind jedoch älter wird und nicht mehr als völlig hilflos betrachtet wird, werden Forderungen an es gestellt. Dies beginnt mit dem Abstillen, und schließlich wird erwartet, daß das Kind selbst mit Löffel und Gabel ißt. Indem die Mutter das Kind drängt, selbst Dinge zu tun und seine bisherige vollständige Freiheit beschränkt, frustriert sie es. Dies ist ein normaler Prozeß: Die Mutter muß das Kind frustrieren, wenn es heranwachsen und gesellschaftsfähig werden will. Heranzuwachsen bedeutet eine zunehmende Beschränkung der direkten, unmittelbaren Befriedigung von Bedürfnissen, die das Kind jetzt in einer für sein Empfinden weniger angenehmen Weise zu befriedigen lernen oder eine Weile aufschieben muß.

Eine weitere Frustration ist das Sauberwerden. Selbstbeherrschung ist die erste größere Forderung, die an das Kind gestellt wird. Wie ihm diese Forderung vermittelt wird, entscheidet darüber, wie es später lernt, Probleme im Leben anzugehen.

Die Ankunft eines Geschwisterchens ist eine weitere frustrierende Erfahrung. Dann bekommen im vierten und fünften Lebensjahr Jungen mit dem Ödipus- und Mädchen mit dem Elektra-Komplex zu tun. Die nächste schwierige Phase ist die Pubertät. Wenn ein Kind in die Adoleszenz kommt, entsteht eine neue Quelle des Zorns, ein Konflikt zwischen zwei grundlegenden Wünschen: Es will unabhängig von der elterlichen Autorität sein, hat aber noch nicht genügend Selbstsicherheit und möchte daher, daß für es gesorgt wird. Das Ergebnis zweier so widersprüchlicher Wünsche im Heranwachsenden ist Wut, gleichgültig, welche Haltung die Eltern einnehmen.

Übernahme von Verantwortung ist ein weiteres Problem, mit dem jeder Erwachsene zu tun hat.

Das Leben besteht also aus einer Reihe von Frustrationen, die zur Verdrängung von Gefühlen führen können. Freud hat diesbezüglich zwei Prinzipien beschrieben, die er als Lust- und Realitätsprinzip bezeichnete.

Das Lustprinzip besagt: Ich will meine Lust und will sie jetzt, es ist mir gleichgültig, ob ich damit einem anderen Leid zufüge oder ob ich mir sogar selbst damit schade. Aber ich weiß, daß dies nicht der Fall ist.

Das Realitätsprinzip besagt: Ich muß meine Lust aufschieben, aber wenn sie dann befriedigt wird, hat niemand einen Nachteil davon.

Erwachsenwerden kann beschrieben werden als »es aufzugeben, nach dem Lustprinzip zu leben, und zu lernen, nach dem Realitätsprinzip zu leben«. Der Verzicht auf das Lustprinzip kann Frustrationen hervorrufen. Diese können sich zu Wut verdichten, die »Energie« erzeugen kann. Diese Energie ist letztlich eine notwendige und wichtige Kraft für konstruktives Tun in unserem täglichen Leben. Sie kann uns den Antrieb liefern, zu lernen, zu arbeiten, uns attraktiv zu machen, Erfolg zu haben und vieles mehr. Wenn schon ein Kind in einer »normalen« Familie mit den üblichen Privilegien alle hier beschriebenen Frustrationen erleben muß, dann kann man sich vorstellen, was geschieht, wenn es in einem unharmonischen Elternhaus groß wird. Man braucht sich nicht zu wundern, daß aus Kindern, die unter schwierigen Bedingungen wie Hunger, Mangel an Liebe, physischen Belastungen oder Mißhandlungen aufwachsen, wütende Erwachsene werden.

Ausdrucksformen der Wut

Die Frustration des Erwachsenenwerdens führen, wie oben dargestellt, zur Entwicklung einer »Energie«.

Diese Kraft kann man konstruktiv oder destruktiv einsetzen. Wenn sie konstruktiv genutzt wird, spricht man zum Beispiel von einer gesunden Aggressivität, einem gesunden Ehrgeiz, zielstrebigem Verhalten oder Erfolgsorientierung.

Wenn sie destruktiv eingesetzt wird, führt dies zur Manifestation von Wut, zu offener Gewalt bis zur Selbstzerstörung (siehe auch das Streßmodell im vorigen Kapitel).

Die gesunden Ventile für Wut lassen sich in zwei Gruppen einteilen:

- Ventile für die Feindseligkeit, die die Folge von Frustrationen des alltäglichen Lebens ist: zum Beispiel Auseinandersetzung mit dem Partner, Streit mit dem Chef, Enttäuschung über die Noten in der Schule.
- Ventile, die ständig wiederkehren und manchmal ein Leben lang anhalten: zum Beispiel Minderwertigkeitsgefühle, Perfektionismus, Scheitern im Wettbewerb, sich nicht männlich oder weiblich genug finden, sich nicht attraktiv finden.

Das Funktionieren normaler Ventile für die Wut hängt von verschiedenen Faktoren ab:

- Man darf sich von seiner Wut nicht überwältigen lassen, da man sie dann nicht sinnvoll einsetzen kann.
- Man darf nicht zuviel Angst davor haben, wütend zu werden, weil diese einen daran hindert, seiner Wut sofort Luft zu verschaffen.
- Es müssen gesellschaftlich akzeptable Ventile vorhanden sein.

Leider ist bei vielen Menschen die Wut so sehr verdrängt, daß sie sich nur indirekt und in einer nachteiligen Weise äußern kann. Es ist äußerst wichtig, schon die frühesten Regungen von Wut wahrzunehmen, damit die Wut, wenn sie an die Oberfläche kommt, in konstruktiver Weise genutzt werden kann. Dadurch kann man Schäden – auch an der Leber – vorbeugen, die sonst entstehen könnten.

Biochemische Veränderungen bei Wut

Wenn man wütend wird, macht sich der Körper aktionsbereit. Dabei laufen verschiedene biochemische Veränderungen ab: Der Blutzuckerspiegel steigt, wodurch mehr Energie bereitsteht, es kreist mehr Blut, weil der Blutdruck steigt und das Herz schneller schlägt. Zudem wird mehr Adrenalin ausgeschüttet, wodurch sich unter anderem die Pupillen weiten, damit man besser sieht. Bei vielen dieser Vorgänge spielt die Leber, die als »Labor« für den einwandfreien Ablauf aller biochemischen Veränderungen im Körper verantwortlich ist, eine wichtige Rolle. Die Leber bekommt bei Emotionen immer viel Arbeit.

Bei diesem komplexen Prozeß handelt es sich um einen Oxidationsvorgang: Das Feuer – unter anderem der Wut – wird geschürt. Es heißt nicht ohne Grund: »Er kocht vor Wut.«

Wenn keine Entladung stattfindet, was sehr oft der Fall ist, bleibt man in einem chronischen Zustand der Aktionsbereitschaft mit beschleunigtem Puls, hohem Blutdruck, chemischen Veränderungen des Blutes und höchster Aktivität der Leber. Dieser Zustand kann letztlich dem Körper schaden. Worin der physische Schaden einer erhöhten Oxidation liegt, wird im nächsten Kapitel beschrieben.

Neben der Leber wird oft auch der Verdauungstrakt herangezogen, um verdrängte oder, anders ausgedrückt, »unverdaute« Wut abzureagieren. Dieser meterlange Kanal zwischen Mund und Anus wird sehr oft als Ventil für Emotionen benutzt, die in keiner anderen Weise geäußert werden können. Hierunter fallen nicht nur Äußerungen von Liebe und Zuneigung, sondern auch solche der Wut. Letztere können verschiedene Formen annehmen – unter anderem Zahnschmerzen, Aphthen, Magengeschwüre, Allergie, Darmgeschwüre, Übelkeit, Verstopfung, Durchfall, Schluckbeschwerden, Blutungen, Hämorrhoiden.

An dieser Stelle ist ein wichtiger Hinweis angebracht. Ich habe gesagt, daß Wut eine Form von Energie ist, die, wenn sie verdrängt wird, zu psychosomatischen Erscheinungen führen kann. Wenn das somatische Symptom beseitigt, also zum Beispiel ein Stück entzündeter Darm entfernt wird, die Wut aber bestehen bleibt, kann sich diese wiederum in anderer Form äußern, die genauso schädlich oder noch schwerwiegender ist. Statt einer erneuten Darmentzündung kann sich dann zum Beispiel eine Geschwulst bilden.

Was tun mit der Wut?

Der erste Schritt, um mit Wut umzugehen, ist die Einsicht und das Eingeständnis gegenüber sich selbst, daß man wütend ist.

Eine Wut, deren man sich bewußt ist, ist weniger schädlich als eine nicht erkannte oder nicht eingestandene Wut. Wut kann abgeleugnet werden, weil man Schuldgefühle deswegen hat oder sich vor ihr fürchtet. Dieser Konflikt zwischen der Wut und dem Schuldgefühl kann ganz im Unbewußten bleiben.

Hinweis: Wut ist oft nicht vernünftig, was aber nicht bedeutet, daß sie deshalb nicht vorhanden wäre. Emotionen werden nicht von der Vernunft gesteuert.

Der zweite Schritt ist die Suche nach der Quelle der Wut. Wenn man von jemandem absichtlich angerempelt wird, braucht man nicht lange nach der Ursache seiner Wut zu fragen. Man kann auch auf seinen Chef wütend sein, weil man Überstunden machen muß, aber behaupten, daß man auf seine Partnerin wütend ist, weil sie angeblich nicht gut gekocht hat. Dies nennt man eine verschobene Wut, und dieser Prozeß bleibt normalerweise im Unbewußten.

Wenn man beim Abwaschen ein Glas zerbricht, kann man seinem Partner die Schuld zuweisen, weil er einem die falsche Bürste gegeben hat, während die Schuld doch eindeutig in der eigenen Unachtsamkeit zu suchen ist.

Auch Schuldgefühle können Wut kaschieren. Ich möchte das Beispiel eines Mannes geben, der mit ständig wiederkehrenden Virusinfektionen zu kämpfen hatte: »Meine Mutter behandelte mich immer als kleinen Jungen und ließ mich nie erwachsen werden. Sie nahm mir alle Entscheidungen ab und ließ mich nie Verantwortung übernehmen. Kein Mädchen und keine Frau war jemals gut genug für mich, aber meine Mutter glaubte, es sei zu meinem Besten. Wie kann ich auf sie böse sein, da sie es doch gut meinte?« Aber wenn die Wut durch die vorgeschobenen »guten Absichten« verdeckt wird, ist sie deshalb nicht geringer.

Der nächste Schritt besteht darin, die wahre Quelle seiner Wut zu erkennen.

Tip: Wenn Sie auf jemanden oder in einer bestimmten Situation viel wütender sind, als dies realistisch betrachtet gerechtfertigt ist, sollten Sie an eine verschobene Wut denken, die durch Angst oder Schuldgefühle verleugnet oder auf etwas anderes oder jemand anderen projiziert wird.

Der vierte Schritt besteht darin, die wahre Ursache der Wut zu erkennen. Eine Frau, die am Arbeitsplatz einen männlichen Kollegen wegen seines »arroganten Verhaltens« abweist und mit Bemerkungen über seine angebliche Hühnerbrust hänselt, ist in Wirklichkeit auf ihren Bruder wütend, dem ihr Kollege ähnelt: Ihr Bruder hat sich früher über sie lustig gemacht, worauf sie damals wegen ihres Gefühls der Machtlosigkeit keine Antwort hatte.

Tip: Fragen Sie sich, ob der Grund, warum Sie wütend sind, realistisch ist. Wenn Sie in einem vollen Geschäft wütend sind, weil das Brot eine Mark teurer ist als anderswo, ist dies realistisch. Wenn Sie wütend sind, weil der Bäcker in einem vollen Geschäft nicht ausschließlich für Sie da ist, ist dies nicht realistisch. Wenn Sie wütend sind, weil es beim Metzger kein Stangenbrot gibt und er Sie zum Bäcker schickt, dann sind Sie nicht realistisch.

Der fünfte Schritt besteht darin, die Wut in einer realistischen Weise anzugehen. Beim obigen Beispiel ist es daher am sinnvollsten, das Stangenbrot beim Bäcker zu kaufen und sich dort zu beschweren, wenn es nicht Ihren Erwartungen entspricht. Wenn es unbefriedigend oder undurchführbar ist, die Wut direkt zu äußern und man die Situation akzeptieren muß, kann es notwendig sein, andere Ventile für diesen Affekt zu finden, zum Beispiel Sport, einen Punchingball bearbeiten, mit dem Teppichklopfer auf das Bett schlagen, im Auto mit geschlossenen Fenstern brüllen oder laut mit der Musik mitsingen.

Es ist immer schwieriger, mit der Wut umzugehen, wenn die Ursache nicht realistisch ist. Das Problem kann tiefer liegen, und es kann viel Geduld und Mühe notwendig sein, um es zu lösen. Manchmal braucht man professionelle Hilfe. Wenn man seine eigene Wut begreift, hat man damit nicht schon alle Wut in der Welt beseitigt, aber man kann mit diesem Wissen zumindest vermeiden, sich selbst im Weg zu sein. Man hat dann jedenfalls weniger negative Energie »auf seiner Leber«.

Gedanken und Ernährung

Wenn es stimmt, daß der Mensch ist, was er ißt, dann ist er meiner Meinung nach nicht bei Trost. Wenn man wütend ist, ißt man etwas anderes, wie wenn man Kummer hat. Bei Anspannung ißt man anders als bei Entspannung. Sich ernähren heißt fühlen. Menschen, die an Magersucht leiden, essen oft nichts, um dadurch nicht fühlen zu müssen. Wenn die Leber »Schmerzen« hat, wird man von selbst magersüchtig. Die Entwicklung einer Magersucht kann aber auch die Basis für eine Genesung sein. Menschen, die zuviel oder zuwenig essen, haben psychologisch gesehen »etwas auf der Leber« oder können »etwas schlecht verdauen«. Die Stimmungszustände, die auf die Ernährung Einfluß haben können, lassen sich grob einteilen in:

- Entspannung, Ruhe und
- Anspannung, Wachheit, Erregtheit.

Inwieweit man sich ruhig oder angespannt fühlt, wird von den sogenannten Neurotransmittern gesteuert. Dies sind Reizleitungsstoffe im Gehirn. Ein bestimmter Typ von Neurotransmittern regt zum Beispiel die Ausschüttung von Adrenalin an, das Wachheit und Erregung auslöst. Neurotransmitter aktivieren die »Kampfzentren« mit dem Resultat von Wachheit und Anspannung oder die »Fluchtzentren« in unserem Gehirn.

Ein Neurotransmitter, der Ruhe und Entspannung erzeugt, ist Serotonin. Serotonin wird im Gehirn aus L-Tryptophan synthetisiert, einer Aminosäure, die vor allem in eiweißreicher Nahrung (Fisch, Fleisch, Ei) vorhanden ist. Tryptophan wird jedoch wegen anderer konkurrierender Aminosäuren in eiweißreicher Nahrung nicht leicht aufgenommen. An der Gehirn-Blut-Schranke kann Tryptophan als letztes passieren. Erleichtert wird sein Durchlaß durch kohlenhydratreiche Nahrung und das Hormon Insulin. Die Aufnahme einer bestimmten Menge von Kohlenhydraten wie zum Beispiel Kartoffeln kann beim einen zu einem Gefühl der Entspannung führen, während der andere davon fast in Schlaf fällt. Der Genuß von Fleisch kann umgekehrt ein Spannungsgefühl erzeugen. Eiweißreiche Kost bei einer Empfindung der Wut erhöht daher die Spannung im Körper noch. Hoher Blutdruck wird daher nicht nur durch

Salz, sondern viel mehr noch durch ein Übermaß insbesondere von tierischem Eiweiß verursacht.

Zusammenfassend kann man sagen: Sich ernähren ist fühlen, und wie man sich fühlt, so ernährt man sich. Die Ernährung kann bei einem körperlichen und seelischen Ungleichgewicht als Arzneimittel wirken.

Der oben beschriebene Prozeß ist eine von vielen biochemischen Wirkungen auf unser Gemüt, wobei man seine Stimmung noch auf vielerlei andere Arten »nähren« kann.

Das Organ, das als »Labor« diese Stoffe bereitstellt, ist die Leber.

Neben Wut gibt es natürlich noch andere und subtilere emotionelle Giftströme. Das Studium der Chakras liefert weitere Erkenntnisse über den Zusammenhang zwischen Körper und Geist. Leberprobleme stehen oft für Transformationsschwierigkeiten im eigenen Leben. Heute entstehen viele Leberbeschwerden durch ein Ungleichgewicht zwischen dem zweiten und dritten Chakra. Dies soll im nächsten Kapitel etwas ausführlicher behandelt werden.

5.
Blockade des zweiten und dritten Chakras

Leberprobleme entstehen hauptsächlich durch eine Stauung im dritten Chakra. Die meisten Leser werden mit den Begriffen Chakra und Aura vertraut sein. Es gibt hierüber inzwischen eine umfangreiche Literatur. Für die übrigen gebe ich nachfolgend eine kurze Erläuterung.

Das Wort »Chakra« stammt aus dem Sanskrit und wird als »Rad« oder »psychisches Zentrum« übersetzt. Die Aura ist das elektromagnetische Feld, das einen Gegenstand, ein Tier oder einen Menschen umgibt. Mit Hilfe der sogenannten Kirlian-Photographie ist es heute möglich, die Aura auf einer empfindlichen Platte festzuhalten. Die Deutung solcher Aufnahmen befindet sich heute noch in der Entwicklung und wird möglicherweise einmal einen wichtigen Platz in der medizinischen Prävention einnehmen können. Chakras sind Konzentrationen elektromagnetischer Felder mit jeweils eigener Dynamik, Wirkung, Bedeutung und Funktion. Am physischen Körper haben Chakras keine Entsprechung. Ein Chakra ist eine Schwingung ohne materielles Gegenstück. Trotzdem ist die Wirkung auf der materiellen Ebene erfahrbar und hat ein Chakra einen ganz bestimmten Ort am Körper. Es gibt mehrere Chakras, Hauptchakras und kleinere Chakras. Die meisten Hauptchakras stehen zum Beispiel in einem wichtigen Energieaustausch mit den Hormondrüsen. Auch zwischen den Chakras besteht ein vielfältiger und komplexer Informationsaustausch, wobei sich die Wirkung nicht nur auf das Physische beschränkt, sondern auch mentale und emotionale Aspekte betrifft. Nachfolgend eine kurze Übersicht der sieben Chakras im stabilen und instabilen Zustand. Hierbei ist anzumerken, daß dieses Schema nur eine von verschiedenen Möglichkeiten ist.

Jedes Chakra wird durch Nahrungsmittel negativ oder positiv beeinflußt. Jedes Nahrungsmittel hat durch seine spezielle Zusammensetzung eine bestimmte Energiefrequenz, die der Frequenz der Chakras entspricht. Nicht nur die Farbe des Nahrungsmittels bestimmt die Frequenz, sondern auch seine Zusammensetzung bezüglich Kohlenhydraten, Eiweißen, Fetten, Vitaminen, Mineralen und anderen Inhaltsstoffen.

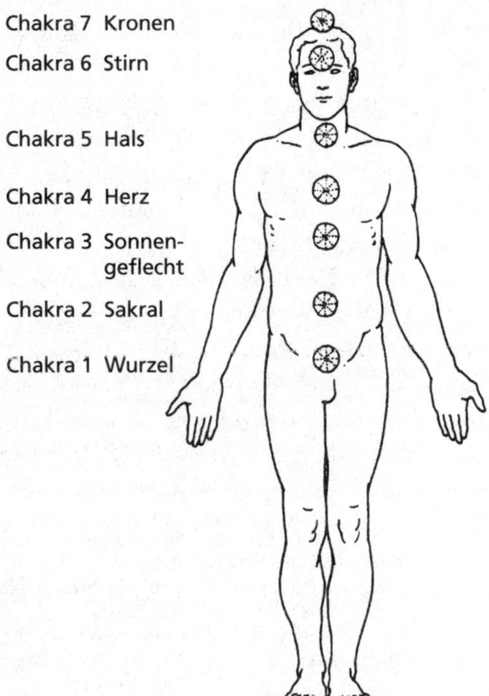

Abbildung 6

stabil	psychisch instabil	physisch instabil
Chakra 1		
– Widerstandskraft – Vitalität – Realitätssinn – Wissen, was gut für den Körper ist – innere Ruhe	– keine Belastbarkeit – große Ängstlichkeit oder übermäßiges Besorgtsein – falsche Einschätzung von Situationen – allzu große Bescheidenheit – Schwierigkeiten, für seinen Lebensunterhalt zu sorgen	– häufiges Kranksein – Knochenbrüche, -krankheiten – Verletzungen, Muskelerkrankungen – Hauterkrankungen – »Krankfeiern«
Chakra 2		
– Entscheidungsfreude – Offenheit für neue, andere Meinungen – Wissen, was man selbst fühlt – bewußte Sexualität	– Entscheidungsschwäche – Bedürfnis nach Aufmerksamkeit – mangelnde Kenntnis des eigenen Gefühlslebens – Pessimismus – Sammelwut (materiell und immateriell)	– Lympherkrankungen – Flüssigkeit festhalten – Blasen-, Nierenerkrankungen – Anorgasmie – nässendes Ekzem
Chakra 3		
– Wissen, was man will – Wissen, wie man es will – Initiative ergreifen – Selbstvertrauen – Verantwortungsbewußtsein für sein Tun und Verhalten	– Schwierigkeiten, nein zu sagen – abwartende Haltung – Motivationsschwäche – Eifersucht – Angst vor Unfähigkeit zu Macht/delegieren	– rasche Ermüdung, Erschöpfung – Verdauungsbeschwerden – Leber-, Gallenerkrankungen – Entzündungen – Zuckerstoffwechselstörungen
Chakra 4		
– Weisheit – Mitgefühl – Hingabe, Bindung an eine Aufgabe/Beziehung – Wissen, wann und wie man geben und nehmen muß	– Bindungsangst – Schwierigkeiten, zu nehmen, Wertlosigkeitskomplex – Neigungen zu geben, um nicht nehmen zu müssen – übertriebene Bescheidenheit – Schuldgefühle	– Erkrankungen der Atemwege – Platzangst – trockenes Ekzem – Herzerkrankungen – Gefäßerkrankungen
Chakra 5		
– klare Kommunikation – Kreativität – guter Zuhörer – Fähigkeit, seine Gefühle zu äußern – Einfühlungsvermögen	– undeutliche Ausdrucksweise – selektives Zuhören – »Prinzessinnensyndrom« – Nuscheln, Stottern und so weiter – wenig Einfallsreichtum	– Erkrankungen von Ohren und Hals – (Neben-) Schilddrüsenerkrankungen – unangenehme Stimme – Rauchen – Zähneknirschen

Chakra 6		
stabil	*psychisch instabil*	*physisch instabil*
– Weitblick – Sinn für Schönheit – Einsicht – Selbsterkenntnis – Intuition	– Pessimismus – Über-Rationalisieren – Wunsch, andere zu beherrschen – Zwangshandlungen beziehungsweise -Gedanken – sehen von Spukbildern oder negativen Lösungen	– Augenanomalien – Kopfschmerzen – mahlende Gedanken – Alpträume – Stirnhöhlenentzündungen
Chakra 7		
– Selbsterkenntnis – Wissen, was gemeint ist – Wissen ohne rationale Erklärung – eigener Glauben – Selbstakzeptanz	– Depressivität – Psychose – Entfremdung, Abwesenheit, Apathie – Autoritätsprobleme – Unbeherrschtheit – Mediumismus – Bekehrungszwang, Neigung, anderen seine Meinung aufzuzwingen	– Gehirnerschütterung – Kopfverletzungen – Schwindelgefühl – Epilepsie – Alkohol und Betäubungsmittel

Die Schwingungsfrequenz eines Nahrungsmittels lädt ein Chakra auf oder entlädt es (siehe Tabelle S. 47). Karotten zum Beispiel (orange) laden das zweite Chakra auf; das Kohlenhydrat Zucker entlädt das dritte Chakra; Getreide (ebenfalls Kohlenhydrate) dagegen lädt das dritte Chakra auf.

Eine Vorliebe für beziehungsweise Abneigung gegen bestimmte Nahrungsmittel hat nicht nur einen psychologischen Hintergrund, sondern kann auch durch eine Blockade aus dem Chakra entstehen. Wenn jemand zum Beispiel in einem Gespräch mit seinem Chef nicht »nein« sagen kann, weil er nicht weiß, was er will, kein Selbstvertrauen hat oder zu unentschlossen ist, kann dies Folgen für die Ernährungsgewohnheiten haben. Nach dem Gespräch mit seinem Chef bekommt er vielleicht einen unbezwingbaren Appetit auf einen Schokoladeriegel. Jemand, der dagegen eine wohlüberlegte Entscheidung getroffen hat, wird nach dem Gespräch mit seinem Chef ein Bedürfnis nach einem Vollkornbrot mit Käse haben.

	Drüsen	Nahrung	Farbe/Frequenz
Chakra 1	Geschlechtsdrüsen Nebennieren	Eiweiße	Farbe: Rot 1000-1200 Hertz
Chakra 2	Geschlechtsdrüsen	Flüssigkeiten Fette	Farbe: Orange 950-1050 Hertz
Chakra 3	Bauchspeicheldrüse Nebennieren	Kohlenhydrate	Farbe: Gelb 500-700 Hertz
Chakra 4	Thymusdrüse	Gemüse	Farbe: Grün 250-475 Hertz
Chakra 5	Schilddrüse	Obst	Farbe: Blau 250-1200 Hertz
Chakra 6	Epiphyse	Genußmittel	Farbe: Violett 1000-2000 Hertz
Chakra 7	Hypophyse	Fasten	Farbe: Weiß 110-2000 Hertz

Eine »Allergie« kann eine biochemische Ursache haben oder aber eine emotionell und/oder physisch bedingte Blockade des Chakras sein. Eine gelbe Paprikaschote oder eine Orange kann zum Beispiel oft wegen einer zugrunde liegenden Leber-Blockade (drittes Chakra) eine »allergische« Reaktion auslösen. Mögliche Ursachen können sein:

1. Man kann sich keine Grenzen setzen und ist unbewußt wütend darüber.
2. Man hat Angst vor Macht und ist deshalb nicht »mächtig«, wütend zu werden.
3. Der Leberentgiftungsprozeß ist durch das Fehlen bestimmter Aminosäuren wie etwa Glutathion, Methionin oder Zystin blockiert.

Ein solcher Mangel kann dadurch entstehen, daß man sich aufgrund einer friedlichen Haltung laktovegetarisch ernährt, oder aber unbewußt, weil man vielleicht nicht mit Aggression und Macht umgehen kann. Der Genuß tierischer Eiweiße stimuliert unter anderem das erste und dritte Chakra und liefert eine aufmunternde, offensive Energie. Positiv eingesetzt schafft dies zum Beispiel den Raum, um leicht Entscheidungen treffen und gut für seinen Lebensunterhalt sorgen zu können, zu wissen, was gut für einen ist, um die Initiative ergreifen zu können.

Wenn man sich für eine laktovegetarische Ernährung »entscheidet«, aber in Wirklichkeit noch nicht mit der oben genannten Energie umgehen kann oder will, droht ein Aminosäurenmangel, weil man wegen der Blockade die Energie, in diesem Fall diejenige der Aminosäurenfrequenz, nicht sparsam einteilt. Erfahrungen mit Yogis haben andererseits gezeigt, daß bei einem vollständig integrierten Chakrasystem keine tierischen Eiweiße aufgenommen werden müssen.

Aufgrund der zunehmenden Verschmutzung wird es immer schwieriger, das Gleichgewicht der Chakras aufrechtzuerhalten. So wird man zum Beispiel zur Leberentgiftung zusätzliche Aminosäuren brauchen. Daher werden künftig an eine gesunde Ernährung andere Anforderungen zu stellen sein.

Ernährungsempfehlungen bezüglich einer »gesunden« Leber liegen daher nicht nur auf der physischen Ebene, sondern auch auf der Ebene der Qualität des – in diesem Fall dritten – Chakras. Ein Chakra ist ein Energie-Austauschknoten zwischen dem physischen und den feinstofflichen Leibern des Menschen. Dies gilt natürlich nicht nur für das dritte, sondern auch für alle anderen Chakras. Da in diesem Buch nur dic Leber behandelt wird, beschränke ich mich auf das zweite und dritte Chakra.

Sakral- (oder zweites) Chakra

In den Systemen, die mit den sieben Chakras arbeiten, wird das Sakralchakra auch zweites Chakra genannt.

Die *Farben* dieses Chakras sind orange und bernsteinbraun.

Das *Element* dieses Chakras ist Wasser. Wasser wird mit Gefühl assoziiert. Symbolisch verweist das Meer oft auf das Unbewußte. Wenn jemand von einem Meer spricht, dann hat er möglicherweise eine Verbindung zum kollektiven Unbewußten hergestellt. Bei der Interpretation von Symbolen haben jedoch die persönlichen Assoziationen des Betreffenden Vorrang. Das Element Wasser weist auch auf Bewegung hin. Wasser fließt geschmeidig, dem Weg des geringsten Widerstandes folgend. Gefühl und Emotionen gehören daher zum Wasser. Im Lateinischen kommt dieser Zusammenhang auch zum Ausdruck: Emotion kommt von »movere«, was »bewegen« bedeutet.

Neben den Keimdrüsen gehören zu diesen Chakras auch die Lymphen. Die Lymphe ist eine praktisch farblose, klare Flüssigkeit mit leicht salzigem Geschmack, die aus Wasser mit Resten von nicht von den Zellen aufgenommenen Nährstoffen sowie aus Abbauprodukten aus den Zellen besteht. Im ganzen Körper befinden sich Lymphbahnen, die an bestimmten Punkten in Lymphknoten zusammenlaufen.

Dieses Chakra hat eine wichtige Verbindung mit dem Halschakra. Wer die Fähigkeit entwickelt hat, seine Empfindungen in Worte zu fassen, ist diesbezüglich mit sich selbst im Gleichgewicht. Das Sakralchakra hat daher mit dem Fühlen zu tun. »Hellfühlen« ist eine Fähigkeit, die zu diesem Chakra gehört. Manche Therapeuten nutzen sie, indem sie – kurz – fühlen, wo die Beschwerden eines Menschen liegen und wie sich diese anfühlen.

In diesem Chakra hat die Fähigkeit ihren Sitz, alle Ebenen des Fühlens zu erfahren – wie zum Beispiel Emotionen, sinnliche Wahrnehmungen, Tastsinn, sexuelle Empfindungen und Gefühle anderer Menschen. Was die Sexualität betrifft, handelt es sich hier um eine bewußte Sexualität. Das erste Chakra hat ebenfalls mit sexuellen Empfindungen zu tun, die jedoch mehr auf einem Trieb beruhen, einem Fortpflanzungsinstinkt.

Das Sakralchakra hat weiterhin mit dem Gleichgewicht der männlichen und weiblichen Elemente in uns zu tun, dem Wissen, welche Anteile von einem selbst männlich und welche weiblich sind, der Fähigkeit, sich mit seinem Mannsein oder Frausein zu identifizieren.

Dieses Chakra bildet sich zwischen dem dritten und fünften

bis achten Lebensjahr, heute jedoch aufgrund der beschleunigten Entwicklung immer häufiger zwischen dem dritten und fünften Jahr. Dies ist das Alter, in dem es für das Kind wichtig ist zu wissen, daß Papa ein Mann ist und Mama eine Frau. Wenn dann zum Beispiel ein Junge von seiner Mutter manchmal in Mädchenkleider gesteckt wird, besteht die Möglichkeit, daß das Kind später Schwierigkeiten hat, sich mit seinem Mannsein zu identifizieren. Eine Verwischung der Geschlechtsunterschiede ist für ein Kind in dieser Entwicklungsphase eher verwirrend als förderlich.

Ebenfalls zum Sakralchakra gehört der *Geschmack* im wörtlichen wie im übertragenen Sinne. Wer zum Beispiel alles wahllos salzt, lenkt seinen Geschmack in eine bestimmte Richtung. Der Geschmack eines Menschen bezüglich seiner Umgebung, seiner Einrichtung und seiner Kleidung sagt sehr viel über seine Gefühle aus.

Krankheiten des zweiten Chakras sind solche, an denen das Lymphsystem beteiligt ist. Auch Nieren, Harnwege und Blase sind Organe, die zum Wasserelement gehören. Auch Probleme mit den Fortpflanzungsorganen sind diesem Chakra zuzuordnen. Rückenbeschwerden, aber auch ein blockiertes Hüftgelenk verweisen auf einen eingeschränkten Strom der Empfindungen in den unteren Chakras.

Bei einem positiven Umgang mit den Informationen dieses Chakras erlebt man sich auch auf den tieferen Ebenen als eins mit sich selbst und kann sich in die Emotionen anderer einfühlen. Eine weitere wichtige Funktion dieses Chakras ist die Genußfähigkeit. Dies führt auch zu einem höheren Verantwortungsbewußtsein, dazu, daß man sich Zeit nimmt, sich um sich selbst zu kümmern, nicht nur im Großen, etwa durch den Erwerb eines Hauses, sondern auch im Kleinen, indem man zum Beispiel in Ruhe frühstückt und seine Kleider sorgfältig auswählt, damit man sich in ihnen wohl fühlt.

Wenn man unfähig ist, mit den Informationen dieses Chakras umzugehen, kann man von Emotionen überschwemmt werden, oder man weiß nicht, was man selbst fühlt. Mit anderen Worten, die Grenze zwischen den Gefühlen anderer und den eigenen Gefühlen verschwimmt. Man versetzt sich zu schnell und zu intensiv in die Empfindungen anderer oder übernimmt die Probleme von Menschen, die einen eigentlich nichts angehen.

Man wird sexbesessen oder setzt Sex ein, um andere zu manipulieren. Auch treten häufig sexuelle Probleme auf. Auch die bewußte oder unbewußte Manipulation durch Einsatz von Schmeicheleien oder bewußtes Zielen auf die Gefühle anderer, besitzergreifendes Verhalten in einer Beziehung oder eine unbezähmbare Sammelwut gehören zu diesem Chakra.

Schwierigkeiten, sich zu entscheiden, eine Auswahl zu treffen, sind diesem Chakra zuzuordnen.

Wir sind schnell bereit, die Gefühle zu unterdrücken, die zu diesem Chakra gehören. Wir leben in einer Gesellschaft, die die Unterdrückung von Gefühlen kultiviert. »Was sollen die Leute denken?« ist eine Frage, die für viele von uns eine große Rolle spielt. Einmal schallend lachen, daß die ganze Nachbarschaft es hört, einmal beim Schimpfen richtig laut werden, sich einmal beim Liebesspiel richtig gehen lassen – dies sind Verhaltensweisen, die sich der unauffällige Durchschnittsbürger hierzulande nicht leistet.

Die Sakralenergie hat jedoch die Tendenz, sich von Zeit zu Zeit, wenn sie unterdrückt wird, in einer Energieexplosion Bahn zu brechen. So kann ein Künstler plötzlich wie im Rausch Bild um Bild malen oder ein Schriftsteller nächtelang durchschreiben. Dies kann jedoch auch die Form von Wutausbrüchen annehmen. Irgendwann ist das Maß voll, und es kommt zur Explosion.

Übersicht über die »negativen« Äußerungen des zweiten Chakras:

- von Emotionen fortgerissen werden.
- keinen Zugang zu seinen Gefühlen haben.
- sich durch Übermaß an Mitleid mit den Problemen anderer Menschen belasten.
- schmeicheln, verführen oder bewußt die Empfindungen anderer ausnutzen, um seinen Willen zu bekommen.
- Sammelwut.
- Entscheidungsschwäche.
- in Passivität verharren, bis hin zur Depression.
- Perfektionismus.
- Schwierigkeiten mit Veränderungen haben, mangelnde Flexibilität bis hin zur Starre.
- ständig Bestätigung brauchen.
- immer andere fragen, was gut für einen selbst ist.
- unstillbares Bedürfnis, bei allen beliebt zu sein, von allen »nett« gefunden zu werden.

Übersicht über die »positiven« Äußerungen des zweiten Chakras:

- tiefere und feine Nuancen spüren.
- Wahrung von Grenzen durch dic Fähigkeit der Unterscheidung, welche Gefühle von einem selbst und welche von anderen stammen.
- physische und emotionelle Intimität erleben können.
- einen offenen Geist haben: offen sein für andere Auffassungen und Meinungen.
- Genußfähigkeit.
- Fähigkeit, flexibel auf Veränderungen zu reagieren.
- Aufrichtigkeit.
- Fähigkeit, beide Seiten einer Angelegenheit sehen zu können.
- Mut, seine wahren Gefühle zu zeigen.
- Selbstachtung, Selbstwertgefühl.

Sonnengeflecht oder drittes Chakra

Das Sonnengeflecht wird auch drittes Chakra genannt. Die *Farbe* dieses Chakras ist Gelb in allen Nuancen.

Das zu diesem Chakra gehörige *Element* ist Feuer. Wenn man an Feuer denkt, denkt man an Wärme. Das dritte Chakra hat daher mit der Wärmeregulierung zu tun; es ist ein wichtiger Motor des Körpers. Manchmal stellt man an sich selbst fest, daß dieses Chakra stimuliert wird; man spürt dann einen warme »Kugel« im Körper im Bereich des Nabels oder etwas oberhalb davon. Feuer ist mehr das Element von Aktivität, Zielstrebigkeit, während Wasser (zweites Chakra) eher empfangenden Charakter hat.

Das dritte Chakra folgt auf das zweite: Erst wird ein Eindruck aufgenommen, dann folgt diesem Eindruck die Tat.

Die zu diesem Chakra gehörenden *Drüsen* sind die Nebennieren und die Bauchspeicheldrüse.

Dieses Chakra hat eine bedeutsame Verbindung zum Stirnchakra.

Die zu diesem Chakra gehörenden *Krankheiten* betreffen unter anderem die Verdauung. Abweichungen des Blutzuckerspiegels etwa in Form von Hypoglykämie und Diabetes sowie Erkrankungen von Leber, Galle und überhaupt aller Organe, die mit der Assimilation und Verdauung zu tun haben, stehen sehr oft in einer unmittelbaren Verbindung mit dem dritten Chakra.

Weiterhin gehören Entzündungskrankheiten zu diesem Chakra. Man beachte das Feuerelement bei Entzündungsprozessen. Schließlich sind noch Störungen des Gesichtsfelds zu nennen. In der chinesischen Medizin sind die Augen als Sinnesorgan der Leber zugeordnet. Der Leber-Meridian läuft an ihnen vorbei. Bekanntlich wird eine Leberentzündung auch durch gelb verfärbte Augen sichtbar.

Das dritte Chakra wird manchmal dichterisch als das Licht, das Sonnenlicht des Körpers beschrieben. Das Wort »Sonne« erscheint auch in der anderen Bezeichnung dieses Chakras, »Sonnengeflecht«. Wie »sonnig« man sich fühlen kann, hängt mit diesem Chakra zusammen.

Eine weitere Eigenschaft dieses Chakras ist die Fähigkeit, Stoffe umzusetzen. Es handelt sich um eine rein physische Umsetzung, eine Assimilation. Sobald sich eine Speise im Mund befindet, beginnt unmittelbar ein Verarbeitungsprozeß. Dieser Verdauungsprozeß dient dem Zweck, die Stoffe, die man zu sich nimmt, so zu zerlegen und umzubauen, daß der Körper sie verwerten kann. Schädliche oder nicht verwertbare Produkte werden in der unterschiedlichsten Weise »verpackt« und ausgeschieden. Die brauchbaren Abbauprodukte werden in unzählige Bausteine umgewandelt, die zu den einzelnen Organen und in die Zellen transportiert werden.

Das dritte Chakra besitzt weiterhin die Fähigkeit zu emotionellen und mentalen Umsetzungen (siehe auch das Kapitel »Gedankenkräfte«). Dies sind Prozesse, die einen mindestens ebenso großen Einfluß auf Körper und Geist haben. Sie sind deshalb so wichtig, weil sie unsere Wahrnehmungen der uns umgebenden Welt färben. Das dritte Chakra steht in einer direkten Verbindung mit dem Stirnchakra, dem sechsten Chakra, das oft auch »Drittes Auge« genannt wird. Wenn wir uns nicht bewußt machen, daß wir die Welt durch eine in einer bestimmten Farbe getönte »Brille« sehen, halten wir ein verzerrtes Bild für die Wirklichkeit.

Im dritten Chakra hat das Ich seinen Sitz. Während das Sakralchakra das Zentrum der Emotionen ist, kann sich das dritte Chakra mit einem Gefühl identifizieren. Hierin liegt die Gefahr einer Beschränkung, wenn das Bewußtsein dafür fehlt, daß man im Begriff ist, sich mit einem Gefühl oder Gedanken zu identifizieren.

Übersicht über die »negativen« Äußerungen des dritten Chakras:

- Energielosigkeit.
- nicht nein sagen können: keine Grenzen ziehen können.
- Motivationsmangel, von anderen motiviert werden wollen und müssen.
- Festhalten an seinen Widerständen, seinem Widerstreben gegen Veränderungen.
- Lügen und Intrigieren.
- falscher Stolz, Eitelkeit und Eifersucht.
- Obsessionen.
- sich von Ängsten beherrschen lassen.
- Dogmatismus.
- zuviel oder zuwenig essen (Bulimie beziehungsweise Anorexie), orale Fixierung.
- sich nicht von Aggressionen lösen können, sowohl indem man sie äußert als auch indem man dies gerade nicht kann oder wagt.
- in eine Opferrolle schlüpfen.
- mangelnder Behauptungswille.
- ständiges Auftrumpfen.
- ständig Komplimente hören wollen. Hinter einem geheuchelten »das kann ich nicht« den eigenen Hochmut verbergen.

Ein gut funktionierendes drittes Chakra äußert sich in:

- Offenheit, Fähigkeit, Dinge abzuwägen, Intelligenz.
- Begeisterungsfähigkeit.
- Fähigkeit, zu lachen, Humor.
- zielbewußte Willenskraft: Wissen, daß man einen Willen hat, und Fähigkeit, diesen bewußt einzusetzen.
- Interesse.
- Ideen und die Tatkraft, diese umzusetzen.
- Selbstachtung.
- Selbstvertrauen, Selbstsicherheit.

- Wissen, wo die eigenen Grenzen liegen, und damit zurechtkommen.
- Wissen durch Intuition, aber vor allem durch Vernunft und logisches Denken.
- Inspiration.
- Verantwortlichkeit für die eigene Energie.
- Beherrschung der eigenen Energie.
- selbstverständliche Autorität.
- Gleichgewicht zwischen Geben und Nehmen kennen.
- außerkörperliche Erfahrungen.
- Gleichgewicht zwischen den Wünschen des Erwachsenen und des inneren Kindes herstellen können.
- sich von seinen Identifikationen lösen können.

In diesem und den vorigen Kapiteln haben wir uns einen Eindruck davon verschafft, wie man sich geistig negativ oder positiv »nähren« kann. Wie verhält es sich nun mit der physischen Nahrung? Wie kann man seine Leber positiv nähren? Wie sieht eine entsprechende »Diät« aus?

6.
Die drei Stoffwechseltypen

Die Heillehren verschiedener alter Kulturen gehen davon aus, daß die Welt aus fünf Elementen aufgebaut ist. In der ayurvedischen Lehre zum Beispiel sind dies: Äther, Luft, Feuer, Wasser und Erde. Die fünf Elemente sind in unterschiedlichen Verhältnissen überall vorhanden, zum Beispiel in unserem Körper, in der Nahrung, im Wasser und in der Luft. Aus diesen fünf Elementen entstehen drei »physische Grundprinzipien«, nämlich *Bewegung, Stoffwechsel* und *Struktur.* Diese drei Prinzipien regeln die Physiologie unseres Körpers und ermöglichen die Interaktion zwischen Körper und Geist. Das Prinzip der *Bewegung* ist: Atmen, das Blut durch den Körper pumpen, Nahrung durch den Verdauungskanal befördern, Nervenimpulse aussenden, Hormone und verwandte Stoffe durch den Körper transportieren und vieles mehr. Das Prinzip des *Stoffwechsels* lautet: Wasser, Luft und Nahrung in andere Stoffe umwandeln. Das Prinzip der *Struktur* schließlich heißt: Fett, Muskeln, Sehnen und Knochen bilden. Dies sind drei höchst dynamische Prozesse, die in unserem Körper ablaufen.

Bewegung, Stoffwechsel und Struktur sind die bestimmenden Merkmale für die Konstitution des Menschen. Von der Empfängnis an ist jeder Mensch mit einer bestimmten Kombination dieser drei Prinzipien ausgestattet; dies ist die Geburtskonstitution.

Das Verhältnis der drei Grundprinzipien variiert von Mensch zu Mensch, so daß sich verschiedene Konstitutionstypen unterscheiden lassen.

Für die Empfehlung von Diäten und bestimmten Ernährungsweisen für die Leber spielt die Konstitution – Körperbau, körperliche Merkmale und Stoffwechseltyp – eine wichtige Rolle. Es gibt in der Literatur viele Konstitutionsdarstellungen, unter anderem aus der Sicht der Makrobiotik, der Anthroposophie und des Ayurveda. Sie haben viele Gemeinsamkeiten.

Ausgehend von der Konstitution eines Menschen kann man am ehesten sinnvolle Ernährungsvorschriften geben. Dies ist ein besserer Ansatz als die verschiedenen theoretischen Erwägungen, die bezüglich richtiger Ernährung bestehen.

Bevor man individuelle Ernährungsempfehlungen für die Leber zusammenstellen kann, muß man die Makrobiotik, die Anthroposophie, Ayurveda und die westliche Ernährungslehre studieren, und dies ist eine zeitaufwendige Angelegenheit. Weiterhin muß man mindestens eine medizinische Ausbildung haben, um die Beschwerden deuten und in Ernährungsvorschläge umsetzen zu können.

Ich habe versucht, die in der Literatur beschriebenen Konstitutionstypen zu einem einfachen Modell zusammenzufassen. Hieraus sind die nachfolgend beschriebenen drei Haupt-Stoffwechseltypen entstanden. Ich hoffe allerdings, daß hieraus keine neue dogmatische Ernährungslehre entsteht. Um die Begriffe der Makrobiotik (Yin, Yang) und des Ayurveda (vata, pitta, kapha) zu umgehen und den Einstieg zu erleichtern, habe ich hierfür westliche Begriffe benutzt. Später kann man aufgrund eigener Erfahrungen die Typisierung erweitern.

Es gibt drei Haupt-Typen:
Typ A: Der empfindliche Stoffwechsel
Typ B: Der kräftige Stoffwechsel
Typ C: Der träge Stoffwechsel.

Dabei gibt es verschiedene Kombinationen dieser Typen, zum Beispiel:
A/B oder B/A oder B/C oder C/B

Typ A soll im folgenden »*Reh*« genannt werden, Typ B »*Tiger*« und Typ C »*Elefant*«.

In der Praxis würde dies bedeuten, daß zum Beispiel der *Reh-Typ* wegen seiner empfindlichen Verdauung nicht immer unbedingt Rohkost essen sollte. Er verdaut Rohkost oft nur unvollständig, und die Zerlegung des rohen Gemüses kostet ihn sehr viel Energie. Dadurch kann dieser Typ sehr stark frieren und Probleme mit Gärungsprozessen im Bauch bekommen. Weiterhin gilt für diesen Stoffwechseltyp, daß für ihn eine völlige oder teilweise Nahrungsmitteltrennung sehr günstig ist, da dies die Verdauung erleichtert.

Mit Nahrungsmitteltrennung ist die Vermeidung schwerer Kombinationen von eiweißreicher und kohlenhydratreicher Nahrungsmittel innerhalb einer Mahlzeit gemeint: Am besten stellt man eine warme Mahlzeit entweder mit Gemüse und Kartoffeln (oder Reis oder anderem Getreide) oder mit Gemüse und Fleisch (oder Fisch oder Eiern) zusammen. Eine völlige Trennung von Eiweißen und Kohlenhydraten ist nicht möglich, doch kann man das Verhältnis zwischen beiden verändern.

Die *Tiger* spüren praktisch nichts von einer Nahrungsmitteltrennung, da sie im allgemeinen eine kräftige Verdauung haben und daher kaum eine Verbesserung in ihrem Magen-Darm-Kanal wahrnehmen. Dies bedeutet aber nicht, daß sie es deshalb nicht tun dürften. Wenn sich die Ernährung dadurch schwieriger gestaltet und kaum Resultate sichtbar werden, braucht ein *Tiger* jedoch nicht unbedingt seine Nahrungsmittel zu trennen.

Die *Elefanten* müssen sich beim Essen zurückhalten, weil sie zum Dickwerden neigen. Nahrungsmitteltrennung hat bei ihnen den Vorteil, daß sie abnehmen und ihre Verdauung beschleunigt wird. Sie müssen vorzugsweise Rohkost essen, da ihr Stoffwechsel oft zu träge ist und durch Rohkost aktiviert wird.

Ein *Reh* mit Leberbeschwerden bekommt daher eine andere Nahrung als zum Beispiel ein *Elefant* oder ein *Tiger* mit denselben Symptomen. Es muß sowohl der Typ Beschwerden als auch der Typ Mensch berücksichtigt werden. In einem späteren Kapitel werde ich mich noch ausführlicher mit den unterschiedlichen Ernährungsempfehlungen für diese Typen befassen. Aber nun zunächst zu der Frage: Woran erkennt man das *Reh,* den *Tiger* und den *Elefanten?*

Rehe, Tiger und Elefanten

Nachfolgend die wichtigsten Merkmale dieser Stoffwechseltypen:

Reh-Typ:
- leichter, schlanker Körperbau
- rasche Aktionsbereitschaft
- Neigung zu trockener Haut
- Widerwillen gegen kalte Witterung
- Neigung zu knirschenden Gelenken
- Neigung zu Verstopfung
- rasche Auffassungsgabe, Vergeßlichkeit
- rasche Erregbarkeit
- Neigung zu Besorgtheit
- leichter und gestörter Schlaf
- kann keine Mahlzeiten auslassen

Tiger-Typ:
- mittlerer Körperbau
- keine allzuschnelle Aktionsbereitschaft
- Abneigung gegen warme Witterung
- schnelles Schwitzen
- kräftige Verdauung und Hungergefühl
- kann eventuell Mahlzeiten auslassen
- Vorliebe für kalte Nahrung
- mittleres Gedächtnis
- Neigung zu Gereiztheit und Zorn
- Neigung zu Muttermalen und Sommersprossen
- guter Redner und Organisator

Elefanten-Typ:
- robuster bis schwerer Körperbau
- große Kraft und Ausdauer
- langsame Aktionsbereitschaft
- träge Verdauung
- geringes Hungergefühl
- kann eventuell Mahlzeiten auslassen
- langsame Auffassungsgabe, gutes Gedächtnis
- wenig ausgeprägte Reizbarkeit und Erregbarkeit
- tiefer und langer Schlaf
- kräftiger Haarwuchs

Wie zu Beginn dieses Kapitels erwähnt, kann man sich jeden Körper aus drei Grundprinzipien aufgebaut denken. Das Verhältnis dieser Prinzipien zueinander bestimmt den Konstitutionstyp, dem man angehört. Wenn dieses Verhältnis gestört wird, entstehen als Reaktion hierauf Abbauprodukte. Dies kommt daher, daß durch die Störung der Stoffwechsel beeinträchtigt wird. Man kann dies mit einem Automotor vergleichen: Wenn dieser nicht richtig eingestellt ist, entstehen unnötige Ablagerungen auf den Zündkerzen. Der Körper erzeugt durch seine Tätigkeit immer Abbauprodukte; bei einer Störung entstehen jedoch zusätzlich solche Stoffe, ohne daß der Körper deshalb an anderer Stelle für diese Aufgabe entlastet werden würde.

Wenn mehr Schlackenstoffe anfallen, als der Körper gut vertragen kann, hat dies verschiedene Folgen. Auf der geistigen Ebene äußert sich der angesammelte »Abfall« in Form verwirrter und negativer Gedanken, und auf der emotionellen Ebene wird man empfindlicher und instabiler. Physisch führt die Ansammlung von Schlackenstoffen im Körper zu einer Fülle körperlicher Symptome.

Jeder Typ hat fünf Orte im Körper, an denen er besonders zu Beschwerden neigt.

Beim *Reh-Typ* sind dies:

1. *Kopf:* neurologische Beschwerden, Schlaflosigkeit, Kopfschmerzen, Mandelentzündung, Sprachprobleme, Konzentrationsschwäche, überaktiver Geist und Ängste, Verlust des Geruchssinns, Augenbeschwerden, Geschmacksverlust, Ohrenbeschwerden (Ohrensausen).
2. *Hals, Lungen, Brust:* Asthma, Schluckauf, Atemrhythmusstörungen, Husten, Schluckbeschwerden.
3. *Magen und Darm:* langsame oder träge Verdauung, Durchfall, nervöser Magen, Blähungen.
4. *Dickdarm und Unterbauch:* Verstopfung, Darmkrämpfe, Harnwegserkrankungen, Rückenschmerzen, Geschlechtskrankheiten, Menstruationsbeschwerden.
5. *Kreislauf, Nervensystem und Haut:* hoher Blutdruck, Herzrhythmusstörungen, Kreislaufbeschwerden, Nervenerkrankungen, Streß.

Beim *Tiger* sind dies:

1. *Magen und Dünndarm:* Magengeschwüre, Verdauungsbeschwerden (unter anderem schwache enzymatische Verdauung in der Bauchspeicheldrüse), Magensäure.
2. *Rote Blutkörperchen, Leber, Milz, Zwölffingerdarm:* Blutarmut, Gelbsucht, Blutkrankheiten, Darmgeschwüre.
3. *Herz:* Herzbeschwerden, Gedächtnisverlust mit emotioneller Labilität, weil man nicht mehr das »Herz« zu Entscheidungen hat.
4. *Augen:* rot unterlaufene Augen, Augenentzündungen, Augenkrankheiten, brennende Augen.
5. *Haut:* Akne, Geschwüre, Hautkrebs, Hautkrankheiten.

Beim *Elefanten* sind dies:

1. *Magen:* zu langsame Magenverdauung, Magenschleimhautbeschwerden, Erbrechen.
2. *Brust, Lungen, Herz und unterer Teil der Wirbelsäule (Lendenwirbel):* asthmatische Bronchitis, Herzbeschwerden, Rükkenbeschwerden, schwere Atmung.
3. *Zunge und Hals:* Speicheldrüsenprobleme, Nahrungsmittelallergien, Geschmacksprobleme, Schleimhautbeschwerden, Übergewicht, Zuckerkrankheit.
4. *Kopf, Nebenhöhlen und Gehirnflüssigkeit:* Heuschnupfen, Nebenhöhlenentzündungen, Geruchsprobleme, Erkältung, Abstumpfung der Sinne, Beschwerden des Zentralnervensystems durch Verschlechterung der Qualität der Gehirnflüssigkeit.
5. *Gelenke:* Schwache, schmerzende Gelenke, Arthrose, Arthritis und sonstige rheumatische Beschwerden.

Beim *Reh* besteht oft eine zu schnelle Leberentgiftung. Dies ist ebenso unangenehm wie eine zu langsame Entgiftung, die wiederum vor allem das Problem des *Elefanten* ist. Der *Tiger* hat eine normale Entgiftung und ist daher derjenige in unserer verschmutzten Gesellschaft, der den »Kampf ums Dasein« am längsten durchhält. Der *Reh-Typ* braucht daher ein langsames Entgiftungsprogramm. Beim *Elefanten-Typ* darf man während der ersten Monate noch keine spektakuläre Entgiftung erwarten. Da bei diesem Typ alles langsam geht, kann nicht sofort ein Resultat sichtbar werden. Geduld ist hier eine wichtige Tugend.

Reinigungskur

Eine solche Kur regt den Körper an, sich von Giftstoffen zu reinigen, die sich im Laufe der Jahre durch die Ernährung und Lebensweise, aber auch durch Medikamentenmißbrauch und Umweltverschmutzung angesammelt haben.

Bei dieser Kur fallen Eiweiße und Fette weitgehend weg, wodurch die Giftstoffe, die hauptsächlich im Fettgewebe gespeichert werden, ausgeschieden werden. Die Kur bringt den Stoffwechsel zur Ruhe. Dies hat große Vorteile:

- Die natürliche Darmflora wird wiederhergestellt.
- Eine eventuelle Gärung und Entzündungsprozesse im Magen-Darm-Kanal werden gehemmt.
- Das Säuren-Basen-Verhältnis wird verbessert, wodurch die Widerstandskraft zunimmt.
- Die Magensäure wird normalisiert.
- Der Basenüberschuß (unter anderem Gemüse) entschlackt das Blut und entwässert.

Diese Kur ist außerdem als Vorbereitung für die Colon-Hydrotherapie (hohe Darmspülung) zu verwenden. Die Colon-Hydrotherapie ist ein Verfahren, bei dem der Dickdarm über die ganze Länge mit auf Körpertemperatur erwärmtem Wasser gespült wird. Dies geschieht mittels einer Kanüle, die in den Anus eingeführt wird. Das Wasser gelangt aus einem speziellen Apparat über die Kanüle in den Darm und wird über diese auch wieder entfernt. In dieser Weise wird der Darm mehrmals gereinigt. Dabei wird mit jeder Spülung ein höherer Teil des Dickdarms erreicht und dieser so schließlich vollständig gereinigt. In vielen Fällen sind bei einer Dysbiose und abnormer Durchlässigkeit des Darms mindestens drei bis sechs Behandlungen notwendig. Diese Methode führt zu einer nachhaltigen Veränderung des Darmmilieus und reguliert die Darmperistaltik und den Tonus der Darmmuskulatur. Für diese Therapie bestehen jedoch auch Kontraindikationen. Es empfiehlt sich, die Colon-Hydrotherapie von einem Arzt durchführen zu lassen. Weiterhin rate ich erschöpften *Rehen* von diesem Verfahren ab.

Während der Kur kann man in aller Regel seiner normalen täglichen Beschäftigung nachgehen. Besser ist jedoch Ruhe. Das sich einstellende Hungergefühl verschwindet meist am zweiten oder dritten Tag. Auch Nebenwirkungen wie Kopfschmerzen, Übelkeit, dünner Stuhl, Schatten unter den Augen, Pickel und sonstige Hautreaktionen, belegte Zunge, schlechter Atem, stinkender, dunkler Urin, Winde, starke Müdigkeit, Muskelschmerzen und Schweißausbrüche können am dritten Tag zurückgehen.

Die vier vorbereitenden Abbautage, die für alle drei Stoffwechseltypen gleich sind, dienen als milde Darmreinigung und stimmen den Körper auf die Fastentage ein. Der Körper kann langsam mit seiner Reinigung beginnen. Auch nach der Fastenkur braucht der Körper mindestens vier Aufbautage, um sich wieder auf eine vielfältige Ernährung umstellen zu können. Um jedoch den Darm gesund zu erhalten, ist es wichtig, daß man sich weiterhin gesund ernährt. Vergleichen Sie hierzu die allgemeinen Ernährungsratschläge für die Zeit nach der Kur auf Seite 68.

Allgemeine Ernährungsratschläge für die vier Abbautage und die vier Aufbautage:

- keine tierischen Eiweiße wie Fleisch, Geflügel, Fisch, Eier und Käse.
- keine Genußmittel wie Kaffee, schwarzer Tee, Kakao und Alkohol.
- kein Zucker und keine zuckerhaltigen Lebensmittel wie zum Beispiel Gebäck, Süßigkeiten, Eis und Limonaden.
- keine Obstsäfte aus der Packung oder Dose.
- kein Gemüse aus Dose oder Glas.
- keine Lebensmittel mit Zusätzen (E-Nummern: Farbstoffe, Geschmacksstoffe, Konservierungsmittel und so weiter).
- keine Milch, jedoch geringe Mengen Joghurt mit rechtsdrehender Milchsäure.
- kein weißes Mehl, Weißbrot, weißer Reis, weiße Teigwaren.
- nach 20.00 Uhr nicht mehr essen!
- mindestens zwei Liter täglich trinken, davon ein Liter Heißwasserkur. Siehe hierzu Getränkeliste.
- erlaubte Fette: Butter und Ghee (Reformhaus oder Naturkostladen). Ghee ist geklärte Butter und aus der ayurvedischen Küche bekannt.
- zu den Mahlzeiten kein Joghurt und kein Obst.
- erlaubt sind Gemüsesäfte und Kräutertees ohne Zucker.
- für den Darm: Kamille, Anissamen, Fenchelsamen, Schafgarbe oder Ringelblume.
- für die Nieren: Goldrute, Birkenblatt, Hagebutten.
- für die Haut: Lindenblüten, Holunderblüten.
- zur Blutreinigung: Brennessel.
- erlaubt: selbst zubereiteter Gemüsesaft oder fertig aus dem Reformhaus.

Manche Menschen vertragen die Schärfe bestimmter Säfte nicht. Bereiten Sie in diesem Fall eine Abkochung von Leinsamen, Gerstengraupen oder Silberhäutchensreis und fügen Sie diese dem Saft zu. Hierzu einen Kaffeelöffel Leinsamen, Graupen oder Reis in 1,4 Liter kochendem Wasser unter ständigem Rühren aufwallen lassen und fünf bis zehn Minuten köcheln lassen. Abkühlen lassen und durch ein Sieb im Verhältnis 1:1 zu den Säften geben.

Heißwasserkur: Am Morgen etwa 1200 ml Mineralwasser zwanzig Minuten kochen. Anschließend fügen Sie eine Messerspitze gemahlene Ingwerwurzel oder gemahlene Gelbwurzel hinzu. Dann den übriggebliebenen Liter kochendes Wasser in eine Thermoskanne abfüllen und hiervon den Tag über kleine Schlucke trinken. Das Wasser muß so heiß sein, daß Sie es gerade noch trinken können, ohne sich Zunge und Mund zu verbrühen. Trinken Sie hiervon jeweils so viel, daß Sie im Magen ein angenehmes Gefühl haben. Wenn es Ihnen einmal widerstrebt, etwas zu trinken, sollten Sie nichts forcieren. Wenn das Wasser zu heiß ist, lassen Sie es ein wenig abkühlen.

Die Heißwasserkur hilft, Schlackenstoffe über Darm, Nieren und Haut auszuscheiden. Dieses heiße Wasser wirkt stärker als ein Liter nicht erhitztes kohlensäurefreies Mineralwasser. Weiterhin wird die Verdauungsleistung verbessert und die Stoffwechselenergie gesteigert.

Empfohlene Getränke:

- Kräutertee Vata (Reh), Pitta (Tiger) oder Kapha (Elefant).
- Gutmorgentee, Florabella, Pfefferminztee, Paradiestee, Apfeltee der Firma Salus.
- Yogitee, Mu-Tee, Dreijahrestee.
- Morgengruß, Abendtraum der Firma Lebensbaum.
- Samentees, die man sich im Kräuterladen mischen lassen kann: Anissamen mit Fenchel-, Kümmel- und Koriandersamen, mit Ringelblumen und Brennesseln (sehr gut gegen Darmgase!).

Allgemeine Ernährungshinweise für die Zeit nach der Kur:

- Beachten Sie die obigen Ernährungsempfehlungen.
- Verwenden Sie vorzugsweise Nahrungsmittel ohne chemische Zusätze, möglichst aus biologischem und/oder biologisch-dynamischem Anbau.
- Essen Sie häufig Vollkorn wie Silberhäutchenreis, Hirse, Buchweizen, Quinoa, Bulgur, Getreideflocken wie Hafer-, Gerste-, Hirse- und Buchweizenflocken, Weizenkeime und Haferkleie.
- Essen Sie vorzugsweise vegetarisch. Fisch und Freilaufgeflügel sind in Maßen erlaubt, zum Beispiel einmal pro Woche. Fisch ohne Quecksilber ist zu empfehlen, jedoch fast nicht erhältlich. Zudem ist eine Kontrolle kaum möglich.
- Decken Sie Ihren Fettbedarf mit kaltgepreßten Ölen wie Sesam-, Sonnenblumen-, Distel- und Olivenöl.
- Verzichten Sie auf Erdnüsse, Champignons und Schimmelkäse.
- Ungebrannte Nüsse und Samen sind reich an Mineralstoffen, unter anderem Kalzium, Magnesium, Zink und Eisen.
- Essen Sie Vollkornbrot ohne irgendwelche Zusätze, möglichst aus biologisch angebautem Mehl.
- Vermeiden Sie zu schwere Lebensmittelkombinationen; siehe auch das Kapitel Ernährungsempfehlungen.
- Verzichten Sie auf Fertignahrungsmittel!
- Wenn Sie gerne Südfrüchte essen, sollten Sie darauf achten, daß Sie ungeschwefelt sind.
- Essen Sie möglichst frisches Obst und Gemüse.
- Gesunde Süßmittel sind kalt geschleudeter Honig und Ahornsirup.
- Gesunde, selbstgemachte »Limonaden« sind zum Beispiel verschiedene Arten von Obstdicksäften aus dem Reformhaus, die Sie mit Mineralwasser mischen.
- Vermeiden Sie zuviel Salz. Im Reformhaus gibt es verschiedene Arten von Kräutersalz, die aber ebenfalls sparsam zu verwenden sind. Erlaubt sind auch frische Küchenkräuter und milde Gewürze.

- Halten Sie mit Molkereiprodukten Maß; so zum Beispiel höchstens zwei Schälchen Joghurt und Quark pro Tag.

Stoffwechseltyp A: Reh

Beispiel für ein Tagesmenü

Frühstück: zwei Schnitten Mischbrot oder Sauerteigbrot mit Kräuterbutter, Tartex oder Mandelmus.

Zwischenmahlzeit: 150 ml leicht abführender Tee ohne Zucker oder 200 ml Gemüsesaft aus der Presse oder dem Reformhaus oder 150 ml Kräutertee für Nieren oder Haut oder Blutreinigungs- oder »leckerer« Tee (siehe Getränkeliste). Heißwasserkur.

Mittagessen: frisches Gemüse mit zerlassener Butter oder Ghee und fünf Eßlöffel Getreide.

Zwischenmahlzeit: ein Schälchen Joghurt (200 ml) oder 300 ml Kräutertee oder 400 ml Gemüsesaft.

Abendessen: frisches Gemüse mit zerlassener Butter oder Ghee und fünf Eßlöffel Getreide.

Am Abend: Kräutertee ohne Zucker.

Nach 20.00 Uhr nichts mehr essen.

Halbfasten: zwei Tage

- Getreide: Basmatireis, Quinoa.
- Gemüse: frisches blanchiertes oder gegartes Gemüse, keine Rohkost.
- zerlassene Butter oder Ghee (höchstens ein Eßlöffel pro Tag).
- Brot: Mischbrot aus dem Reformhaus.
  Bei Pilzinfektionen: Mais- und/oder Reissauerteig, eventuell leicht anrösten.
- Brotbelag: Kräuterbutter, Avocado, Tartex, Mandelmus aus ungebrannten Mandeln.
- mild abführender Tee aus dem Kräuterladen: Fenchel, Tausendgüldenkraut, Süßholz, Schlehdorn, Purgier-Kreuzdorn

in gleichen Teilen mischen lassen. Von dieser Mischung einen gestrichenen Eßlöffel auf eine Tasse Wasser geben, fünf Minuten kochen, zwei Minuten ziehen lassen und durch ein Sieb geben. Morgens auf nüchternen Magen eine Tasse hiervon trinken.

Stoffwechseltyp B: Tiger

Beispiel für ein Tagesmenü

Frühstück: 150 ml Gemüsesaft sehr langsam trinken und gut mit Speichel durchmischen.

Zwischenmahlzeit: 150 bis 200 ml Abführtee ohne Zucker oder 200 ml Kräutertee (siehe Getränkeliste) ohne Zucker oder 200 ml Gemüsesaft und Heißwasserkur. Statt einer Messerspitze Ingwerwurzel kann man auch eine Messerspitze Gelbwurzel zur Heißwasserkur verwenden, um den Körper besser zu reinigen. Wenn man Probleme mit Nebenwirkungen bekommt, kann man das heiße Wasser etwas stärker abkühlen lassen. Mögliche Nebenwirkungen sind: Blutandrang zum Kopf, Hautjucken, eine Art Hitzewallungen, leichte Übelkeit.

Mittagessen: 200 ml Gemüsesaft mit etwas Wasser zu einer Art Gemüsesuppe erhitzen.

Zwischenmahlzeit: 200 ml Kräutertee ohne Zucker oder 200 ml Gemüsesaft.

Abendessen: 200 ml Bouillon mit drei Eßlöffel Suppengrün.

Abends: Kräutertee ohne Zucker, Mineralwasser ohne Kohlensäure, Heißwasserkur.

Fasten: drei Tage

- 600 bis 700 ml Gemüsesäfte (verschiedene Sorten).
- Obstsäfte: nicht mit Gemüsesäften vermischen und zwischen Gemüse- und frischem Obstsaft einen zeitlichen Abstand von mindestens zwei Stunden einhalten.
- bei Pilzinfektionen: keine Obstsäfte!

- Abführtee: Fenchel, Tausendgüldenkraut, Süßholz, Schlehdorn, Purgier-Kreuzdorn. Von dieser Mischung einen gestrichenen Eßlöffel auf eine Tasse Wasser geben und fünf Minuten kochen; zwei Minuten ziehen lassen und durch ein Sieb geben. Hiervon morgens auf nüchternen Magen und eventuell abends eine Tasse trinken.

  Zusätzlich Laxieren. Wenn der Stuhlgang trotz des Abführtees träge bleibt, kann man folgende Maßnahme ergreifen:

  Magnesiumsulfat (in der Apotheke erhältlich):
- ein Eßlöffel auf 200 ml lauwarmes Wasser (= mild).
- zwei Eßlöffel auf 200 ml lauwarmes Wasser (= kräftig).

  Den Geschmack kann man mit ein wenig Zitronensaft verbessern. Wenn Ihnen dieses Verfahren nicht zusagt, können Sie eine Abführtablette oder Abführtee einnehmen. Jedoch nur während der Fastenkur!

Stoffwechseltyp C: Elefant

Beispiel für ein Tagesmenü

Frühstück: 150 ml Gemüsesaft sehr langsam trinken und gut mit Speichel durchmischen.

Zwischenmahlzeit: 200 ml Kräutertee ohne Zucker (siehe Getränkeliste), 200 ml Abführtee ohne Zucker oder 200 ml Gemüsesaft und Heißwasserkur (mit einer Messerspitze Ingwer).

Mittagessen: 200 ml Gemüsesaft, eventuell als »Gemüsesuppe« erhitzen.

Zwischenmahlzeit: 200 ml Kräutertee ohne Zucker oder Mineralwasser ohne Kohlensäure oder 200 ml Gemüsesaft.

Abendessen: eine Tasse Bouillon (200 ml) mit drei Eßlöffel Suppengrün.

Abends: Kräutertee, Mineralwasser ohne Kohlensäure.

Fasten: drei Tage

- 600 bis 700 ml Gemüsesäfte (verschiedene Sorten).
- Obstsäfte: nicht mit Gemüsesäften vermischen und zwischen Gemüse- und frischem Obstsaft einen zeitlichen Abstand von mindestens zwei Stunden einhalten.
- bei Pilzinfektionen: keine Obstsäfte!
- Abführtee: Süßholzwurzel, Aloe, Wacholderbeeren, Vogelbeeren, Sennesblätter zu gleichen Teilen im Kräuterladen mischen lassen. Von dieser Mischung einen Teelöffel in einer Tasse Wasser fünf Minuten kochen; zwei Minuten ziehen lassen und abseihen. Hiervon morgens auf nüchternen Magen eine Tasse trinken. Milder Abführtee: Fenchel, Tausendgüldenkraut, Süßholz, Schlehdorn, Purgier-Kreuzdorn. Von dieser Mischung einen gestrichenen Eßlöffel auf eine Tasse geben. Eventuell zweimal täglich eine Tasse.

  Zusätzlich Laxieren: Wenn der Stuhlgang trotz des Abführtees träge bleibt, kann man folgende Maßnahmen ergreifen: Magnesiumsulfat (in der Apotheke erhältlich):

  1. Ein Eßlöffel auf 200 ml lauwarmes Wasser (= mild).
  2. Zwei Eßlöffel auf 200 ml lauwarmes Wasser (= kräftig).

  Den Geschmack kann man mit ein wenig Zitronensaft verbessern. Wenn Ihnen dieses Verfahren nicht zusagt, können Sie eine Abführtablette oder Abführtee einnehmen. Jedoch nur während der Fastenkur!

Warnhinweis: Wenn die Entgiftungskapazität der Leber geschwächt ist, darf man nicht absolut fasten, ebenso nicht nach starkem Gebrauch allopathischer Arzneimittel. Dadurch würden plötzlich zu viele Giftstoffe aus den Zellen in die Blutbahn und die Leber gelangen. Eine nicht voll funktionstüchtige Leber ist hierauf nicht vorbereitet, so daß man sehr krank werden kann.

Wie kann man seine Leber nach der Reinigungskur weiter unterstützen? Hierfür sind vor allem erforderlich:

- Verarbeitung von Schlackenstoffen, die mit der obigen Reinigungskur bereits teilweise erfolgte.
- Zufuhr zusätzlicher Vitalstoffe, die die Ausscheidung von tief im Gewebe gespeicherten Schlackenstoffen beschleunigen.
- Kräftigung des Immunsystems zur weiteren Genesung, um so besser gegen »Giftattacken« gefeit zu sein, denen wir wohl noch einige Zeit ausgesetzt sein werden, sofern wir uns nicht gemeinsam entschließen, besser auf unsere äußere und innere Umwelt zu achten.

7.
Die drei Grundpfeiler der Genesung

Oxidation

Viele Stoffe haben die Tendenz, im Laufe der Zeit ihre Struktur einzubüßen. Eisen rostet, Papier vergilbt, Gummi wird brüchig, und Butter wird ranzig. Bei all diesen Prozessen ist Oxidation im Spiel. Oxidation bedeutet wörtlich »auseinanderfallen«. Das lateinische »oxygenium« steht für Sauerstoff, das Gas, das für die Oxidation verantwortlich ist. Beim Oxidationsprozeß wird Energie frei. Der Prozeß verläuft meist sehr langsam, so daß man nur das Ergebnis, zum Beispiel einen rostigen Nagel, wahrnehmen kann.

Auch im Körper laufen Oxidationsprozesse ab, und zwar hauptsächlich in den Mitochondrien, den »Kraftwerken« der Zellen. Diese Organzellen wandeln die in Nahrungsmitteln enthaltene Energie in Lebensenergie und Wärme um. Die Nebenprodukte, die hierbei entstehen, werden als freie Radikale bezeichnet. Hierbei handelt es sich um aggressive biochemische Verbindungen, die Gewebe verändern, indem sie Struktur angreifen. Oxidation liefert also Energie, doch lassen uns die Nebenprodukte dieses Prozesses gleichzeitig altern. Je sparsamer der »Zellmotor« eingestellt ist, desto weniger verbraucht er, und desto älter können wir werden. Der Körper verfügt zum Glück über Radikalfänger in Form von Antioxidanzien. Antioxidanzien lösen Gegenreaktionen aus, so daß die freien Radikale ihre Aggressivität verlieren und dadurch weniger Schaden anrichten können.

Unkontrollierte Oxidation dürfte die wichtigste Ursache für körperlichen und geistigen Abbau sein. Zielscheibe der freien Radikale ist vor allem der »Speicher« in den Zellkernen. Diese Speicher besitzen überwiegend DNS-Struktur. Computertechnisch ausgedrückt, wäre die DNS das Betriebssystem. Antioxidanzien können somit den Betrieb sicherstellen, verhindern, daß es zu einem »Systemabsturz« kommt. Gefährdet sind Immun-, Hormon- und Nervensystem.

Antioxidanzien, die man mit gesunder Ernährung zu sich nimmt, sind unter anderem Vitamin C, Vitamin A, verschiedene Arten von Vitamin B, Vitamin E, Zink, Selen, Chrom, Glutathion, Koenzym Q10, Taurin, Methionin, Zystin, Bioflavonoide und Silymarin. Das Organ, das bei der Entladung freier Radikale eine wichtige Rolle spielt, ist wiederum die Leber.

Was sind die Ursachen dafür, daß eine gesunde Oxidation in eine überschießende Oxidation mit Bildung vieler freier Radikale übergeht?

1. Streß: physisch und psychisch, zum Beispiel körperliche Schwerstarbeit, Scheidung, Umzug, Tod des Partners, Lärm, Röntgenstrahlen, Operationen (siehe Streßmodell).
2. Umweltstreß, zum Beispiel verschmutztes Wasser und verschmutzte Luft, Pestizide (siehe auch Abb. 5 auf Seite 25).
3. Ernährungsstreß: Überessen, ungesunde Ernährung, Aufnahme von Zusatzstoffen, von denen unsere Nahrung heute etwa vierzehnhundert enthält.
4. Rauchen, Trinken (Kaffee, Tee, Schokolade, Alkohol), Drogen.
5. Elektrostreß: Fernsehen, Computer, Hochspannungsleitungen.

Wie kann man sich vor freien Radikalen schützen?

1. Aufnahme von Vitalstoffen wie Vitaminen und Mineralen mittels gesunder Ernährung.

2. Zufuhr zusätzlicher Vitalstoffe durch Ergänzungsmittel (siehe Seite 79 folgende).
3. Nicht rauchen, kein Alkohol, kein Kaffee und keine Drogen!
4. Sport treiben. Extremsportarten wie zum Beispiel Marathonlauf erhöhen jedoch den Vitalstoffbedarf und die Bildung freier Radikale.
5. Entspannungsübungen in Form von Yoga, Meditation und Atemübungen.
6. Positives Denken.
7. Lektüre guter Bücher, gute Filme, schöne Musik oder selbst Musizieren, Singen, etwas Kreatives tun.

Die drei Grundpfeiler

Abbauprodukte verarbeiten	Ergänzen	Stärken
Entgiftung von – Leber und Galle – Lymphsystem – Nieren – Darm	Vitalstoffe: – Vitamine – Minerale – Fettsäuren – Aminosäuren	– Darmtätigkeit – Organe – Immunsystem

Ergänzungsstoffe und Stärkung der Leber

Es gibt viele Möglichkeiten, um eine Dysbiose, einen abnorm durchlässigen Darm und eine nicht optimal arbeitende Leber zu heilen. Neben gesunder Ernährung sind eine Fülle von Therapieformen sinnvoll. Ich gehe hier nicht ausführlicher darauf ein, da dies Aufgabe des Arztes oder Therapeuten ist. Dennoch möchte ich kurz einige Möglichkeiten erwähnen, um Sie anzuregen, sich auf die Suche nach einem guten Arzt oder Therapeuten zu machen, der Sie bei einer Therapiekombination beraten kann.

1. Die Dysbiose angehen und den abnorm durchlässigen Darm unter anderem mit folgendem heilen:
– Ernährung (siehe Dysbiose-Empfehlungen auf Seite 87).

- Homöopathie: entwässernde Mittel.
- Orthomolekulare Präparate, unter anderem Antioxidanzien, Aminosäuren, Fettsäuren, Minerale: für die »Rehe« vorzugsweise in Pulver- und/oder flüssiger Form, für die »Tiger« große und kleine Tabletten, für die »Elefanten« kleine Tabletten.
- Bakterienpräparate (verschiedene Sorten).
- Colon-Hydrotherapie.
- Enzympräparate.
- Reinigung durch verschiedene Formen von Fasten; siehe die drei Entgiftungskuren auf Seite 64 folgende.

2. Reinigung der Leber (einschließlich Lymphsystem) unter anderem durch:
- Ernährung: Streichen Sie leberbelastende Nahrungsmittel vom Speisezettel. Lassen Sie sich unter anderem testen auf Nachtschattengewächse wie Tomaten, Kartoffeln, Auberginen, Gurken, Paprikaschoten und Zucchini, Hülsenfrüchte, Eier, bestimmtes Blattgemüse wie zum Beispiel Endivien, Spinat und Portulak; siehe Leberernährungsempfehlungen auf Seite 91 folgende.
- Homöopathie: entwässernde und kräftigende Mittel, zum Beispiel Zelltherapie.

3. Kräftigung der Leberfunktion: Die Leber braucht für ihre Tätigkeit Antioxidanzien, Zellsalze und andere Vitalstoffe. Diese müssen zusätzlich zugeführt werden, da die Leber sonst nicht die notwendigen Stoffe für das Blut, Hormone, Energie und vieles andere bereitstellen kann (siehe Leberfunktionen auf Seite 9 folgende. Unter »normalen« Umständen wird der Bedarf an diesen Stoffen aus der Nahrung gedeckt; angesichts der Qualität unserer heutigen Lebensmittel und der Zunahme von Giftstoffen sind wir jedoch gezwungen, diese zusätzlich aufzunehmen. Befragen Sie hierzu einen orthomolekularen Therapeuten, Arzt oder Ernährungsberater.

Allgemeine Hinweise zu orthomolekularen Präparaten:

- Die Ergänzungsmittel dürfen keine Geschmackstoffe, Zucker, Hefe, Laktose oder Gluten enthalten.
- Ergänzungsmittel grundsätzlich unmittelbar nach einer Mahlzeit einnehmen.
- Die Ergänzungsstoffe dürfen keine Depotpräparate sein.
- Es ist viel effektiver, dreimal täglich eine kleine Menge einzunehmen als einmal täglich eine große Menge von Vitalstoffen, die der Körper komprimiert verarbeiten muß.
- Freie Aminosäuren muß man vorzugsweise eine bis zwei Stunden vor dem Essen, zwei Stunden nach der Mahlzeit oder vor dem Zubettgehen einnehmen.
- Wenn man keine Tabletten oder Kapseln schlucken kann: die meisten Präparate sind auch in Pulverform erhältlich.

Nachfolgend einige orthomolekulare Stoffe, die die Leber dringend braucht: Glutathion, Magnesium in Form von Injektionen, Tabletten oder Pulver, Vitamin B_{12}-Spritzen, Nachtkerze, Selen, Zink, Beta-Karotin, Vitamin C, Vitamin E, Koenzym Q10, Pyridoxal-5-Phosphat, Kupfer, Eisen, Molybdän, Zellsalze (siehe auch Leberentgiftungsschema auf Seite 101).

Orthomolekulare Empfehlungen für die Leber

1. Grundergänzung

- Eine Tablette eines Multivitamin-Mineralpräparats muß etwa die folgende Zusammensetzung haben:

Vitamin A (Retinolpalmitat)	2500 IE
Beta Karotin	2500 IE
Vitamin B_1 (Thiamin)	25 mg
Vitamin B_2 (Riboflavin)	25 mg
Vitamin B_3 (Pantothensäure)	25 mg
Vitamin B_6 (Pyridoxin)	50 mg
Vitamin B_{12} (Zyano-Kobalamin)	25 mcg
Niacinamid	25 mg

Folsäure	200 mcg
Biotin	25 mcg
Cholin	50 mg
Inositol	50 mg
Vitamin C (Ascorbinsäure)	200 mg
Vitamin D3 (Cholecalciferol)	200 IE
Vitamin E (D-Tokopherylsuccinat)	100 IE
Kalzium (Orotat)	200 mg
Magnesium (Orotat oder Zitrat)	100 mg
Eisen	5 mg
Jod (aus Seetang)	100 mcg
Selen (als L-Selenomethionin)	50 mcg
Kupfer (Gluconat)	1 mg
Mangat (Lactat)	5 mg
Chrom	50 mcg
Bor (Zitrat)	1 mg
Molybdän (Ammoniummolybdat)	50 mcg
Vanadium (als Ammoniumvanadat)	50 mcg
Zink (Orotat oder Zitrat)	10 mg

Dosierung: 1 x täglich nach der warmen Mahlzeit. Bei starkem Streß 2 x täglich eine Tablette.

- Vitamin C 1000 mg: morgens und abends eine Tablette nach der Mahlzeit.

2. Phosphatidylcholin, etwa 420 mg: morgens und abends eine Kapsel nüchtern.
3. L-Taurin 500 mg: morgens und abends eine Kapsel nüchtern.
4. Glutathionkomplex, etwa 150 mg: morgens und abends eine Kapsel nüchtern.
5. Koenzym Q10 zu 30 oder 60 mg, eventuell mit Lecithin: 1 x täglich eine Kapsel nach dem Frühstück.
6. Silymarin 100 mg: morgens und abends eine Kapsel.
7. Kalzium-, Magnesiumorotat, etwa 500 beziehungsweise 250 mg: 1 x täglich vor dem Zubettgehen.
8. eventuell B_{12}-Injektionen bei ernsthaften Leberbeschwerden

und Magen-Darm-Erkrankungen: 2 x pro Woche. Zunächst Versuch mit neun Injektionen, anschließend erneute Beratung mit dem Arzt.
9. Nachtkerzenöl (250 bis 500 mg) mit Fischöl (250 bis 500 mg) in einer Kapsel; 2 x täglich eine Kapsel.

Im Zusammenhang mit den hohen Kosten der Präparate gibt es drei Mindest-Ergänzungsmöglichkeiten, die zur Stärkung der Leber empfohlen werden können:

1. Basisergänzung (Multivitaminpräparat mit Vitamin C): etwa DM 35,00 pro Monat.
2. Silymarin mit Basisergänzung: etwa DM 55,00 pro Monat.
3. Silymarin mit Basisergänzung und Koenzym Q10: etwa DM 110,00 pro Monat.
4. Osteopathie: Wenn die Leber nicht optimal arbeitet, entstehen oft Probleme an der Wirbelsäule. Umgekehrt können verschobene Wirbel zu Stoffwechsel- und Verdauungsbeschwerden führen. Vor allem die Halswirbel verschieben sich leicht! Verschobene Halswirbel (einschließlich Atlas) können eine Überempfindlichkeit gegenüber Nahrungsmitteln verursachen, und umgekehrt können Nahrungsmittelallergien und -unverträglichkeiten Halswirbelbeschwerden auslösen. Wenn eine Allergie vorliegt, ist die Leberfunktion zu prüfen. Osteopathie ist sowohl für die Leberreinigung als auch bei Wirbelsäulenbeschwerden hilfreich. Auch verschiedene Störungen des Magen-Darm-Kanals können mit Osteopathie beseitigt werden. Bei der Suche nach den Ursachen einer dysfunktionellen Leber und/oder Dysbiose und eines abnorm durchlässigen Darms betrachtet der Osteopath drei Systeme:

- Bewegungsapparat: Knochen, Muskeln, Sehnen, (Hals-) Wirbel und so weiter.
- die inneren Organe mit ihren Blutgefäßen, Lymphgefäßen, motorischen Nerven und so weiter.
- Schädel und Wirbelsäule, Nervensystem und Gehirnflüssigkeit.

Unter anderem durch eine Regulierung der obigen Systeme kann der Osteopath auch beim Abbau von Streß behilflich sein.

5. Prüfung auf Vitalstoffmangel: Untersuchung der Vitamine, Minerale, Aminosäuren und Fettsäuren.
6. Untersuchung auf verschiedene Arten von Pilzinfektionen zum Beispiel Alternaria, Candida, Cladosporium, Aspergillus, Bäckerhefe, Mucor, Botrytis und andere Darmparasiten.
7. Stärkung des Immunsystems: Immunstärkung durch Zelltherapie (zum Beispiel Thymus), orthomolekulare Therapie, Homöopathie, Moratherapie, Massagen wie zum Beispiel Lymphdrainagen, Reflexzonentherapie, Kinesiologie, Meditation, Visualisierung, Psychotherapie, Chakra-Heilung, ayurvedische Präparate, Osteopathie, NLP (neurolinguistische Programmierung) und andere Therapieformen.
8. Diätplan: Bei jeder Diät müssen die Stoffwechseltypen beachtet werden. Man ist überwiegend *Reh, Tiger* oder *Elefant* (siehe Seite 57 folgende). Die Diät muß auf den Patienten abgestimmt werden. Das nachfolgende Schema ist ein allgemeiner Plan, der sehr oft angewandt wird. Es ist wichtig, individuelle Nahrungsmittelallergien oder -unverträglichkeiten festzustellen und die betreffenden Nahrungsmittel vom Speiseplan zu streichen. Wie streng die Diät ist, hängt von Gewicht und Kondition des Betreffenden ab, vom Grad der Dysbiose und der Entgiftungskapazität von Leber, Galle und Nieren. Bei Verdauungsschwäche (aufgetriebener Bauch, Durchfall, starke Winde, Darmkoliken) empfiehlt es sich, auch die Regeln der Nahrungsmitteltrennung anzuwenden. Nachfolgend eine kurze Zusammenfassung der wichtigsten Richtlinien für die Nahrungsmitteltrennung.

- Obst nicht nach den Mahlzeiten zu sich nehmen, sondern möglichst eine halbe Stunde davor.
- Zu den Mahlzeiten keine Milchprodukte essen, sondern möglichst zwischendurch und nicht zuviel.

- Keine eiweißreichen Nahrungsmittel wie zum Beispiel Fleisch, Ei und Käse mit stärkereichen Nahrungsmitteln wie Brot, Kartoffeln und Reis oder mit einem anderen eiweißreichen Nahrungsmittel kombinieren. So ist zum Beispiel Tartar mit Ei ein sehr schwer verdauliches Gericht.
- Gebackene Fette zusammen mit Eiweiß sind ebenfalls schwer verdaulich. Eine richtige Nahrungsmittelzusammenstellung wäre zum Beispiel kaltgepreßtes Öl zum Salat.

Weitere Richtlinien bei einer Dysbiose sind:

1. Alle hefeverwandten oder hefeenthaltenden Nahrungsmittel meiden, wenn die Candida-Pilzerkrankung sehr ausgeprägt ist.
2. Zucker und andere Süßmittel (auch künstliche), Honig, Gerstenmalz, Maissirup, Dattelsirup und ähnliches sowie alle Lebensmittel meiden, die solche Süßmittel enthalten.
3. Alle raffinierten Getreideprodukte meiden.
4. Alle Nahrungsmittel und Getränke meiden, die einen Gärprozeß durchlaufen haben.
5. Auf ausreichend Aufnahme von Fasern achten, zum Beispiel Haferkleie, Weizenkeime, Leinsamen. Es sind auch spezielle gluteinfreie Fasern erhältlich.
6. Kein Fleisch und Geflügel essen, in dem Reste von Antibiotika oder Steroiden enthalten sind. Stark quecksilberhaltigen Fisch meiden. Manche Pilze leben von Kohlenhydraten, manche von Eiweißen. Eine Diät ohne tierische Eiweiße kann daher ebenfalls eine Dysbiose beseitigen.
7. Obst meiden, das zu starke Gärung verursacht. Vor allem die »Rehe« können von Obst rasch Beschwerden bekommen und sich dadurch leicht erkälten.
8. Verwenden Sie stets möglichst frische Nahrungsmittel.
9. Verwenden Sie wenig Molkereiprodukte; eine Ausnahme sind die Azidophilus-Sauermilchprodukte.

10. Verwenden Sie Nahrungsmittel ohne Zusätze, vor allem, wenn Sie eine schwache Leberentgiftung haben.
11. Keinen Alkohol, Kaffee, Tee, Schokolade, Cola oder andere Limonaden trinken.
12. Verzichten Sie auf: Reste, Essig, Erdnüsse, Champignons, Senf, Bierhefe, Vitamin-R, fertige Obstsäfte, Silberzwiebeln, Gürkchen und ähnliches aus dem Glas, Produkte, die Glutamat enthalten, in Pappe, Papier, Kunststoff und ähnlichem verpackte Speisen, orthomolekulare Präparate mit Zucker, Hefe und Aromen, Gebäck, weißes Mehl, Pfannkuchen, Marmelade, Melonen, Bananen, Trauben, Kartoffelmehl, Puddingpulver, Zwieback, Südfrüchte, Paniermehl, Mineralwasser mit Kohlensäure, Brühwürfel, Dips, Päckchensuppen.

Weitere Tips für Reh, Tiger und Elefant

Reh

- Wenn Molkereiprodukte gut vertragen werden, kann man warme Breie essen. Eventuell Joghurt in ein wenig Wasser anwärmen; Ziegenmilch ist ebenfalls erlaubt.
- Schwere Lebensmittelkombinationen vermeiden.
- Nicht zuviel schwere Nüsse essen, da diese abführende Wirkung haben. Samen schaden nicht.
- Vorsicht mit Hülsenfrüchten! Linsen werden meist vertragen.
- Vorzugsweise warm trinken.
- Überwiegend warmes Gemüse essen: blanchieren oder kochen.
- Möglichst kaltgepreßtes Sesamöl oder Sonnenblumenöl verwenden.
- Zuviel Ghee vermeiden. Zwei Teelöffel pro Tag sind erlaubt.
- Vor dem Zubettgehen immer eine Kleinigkeit essen.
- Nicht den ganzen Vormittag Obst essen.
- Vorzugsweise »wärmendes Getreide« essen: Quinoa, Hafer.

- Wenn die Verdauung schwach ist, nachfolgend noch einige Tips: Nüsse acht Stunden in ein wenig Mineralwasser köcheln lassen; Sonnenblumenkerne ohne Fett im Topf leicht anrösten; Sauerteigbrot im Toaster leicht rösten; Gemüse gemäß den Vorschriften garen, das heißt weder zu lang noch zu kurz, zum Beispiel Blumenkohl und Brokkoli nicht länger als 15 Minuten; Getreide eventuell mit dem »Kochkistenverfahren« fertig garen, da es dann wirklich gar ist.

Tiger

- Gewürze meiden.
- Zu scharfes Essen meiden.
- Regelmäßig essen, kleine Zwischenmahlzeiten zu sich nehmen.
- Vorzugsweise kaltgepreßtes Distelöl, Olivenöl oder andere Ölarten verwenden.
- Nahrungsmitteltrennung ist nicht unbedingt erforderlich, insofern nicht der Darm Schwierigkeiten macht.
- Seien Sie bei Molkereiprodukten zurückhaltend.
- Genügend trinken. Dabei darauf achten, daß die Flüssigkeitsaufnahme über den Tag verteilt wird.
- Sich nicht zuviel vornehmen. Ein »kundiger« Wille ist besser als ein »kriegerischer« Wille.

Elefant

- Zuviel Fett meiden, insbesondere gebackenes Fett. Lieber grillen, garen, dünsten oder ähnliches.
- Versuchen Sie, nicht alle Mahlzeiten mit Brot aufzufüllen. Oft besteht auch eine Glutenunverträglichkeit.
- Falls Sie Ghee verwenden: Ein Eßlöffel pro Tag ist erlaubt. Ghee regt den Stoffwechsel an.
- Versuchen Sie, sich regelmäßig ruhig zu bewegen. Nicht zu lange ausschlafen!
- Milchprodukte meiden.
- Nahrungsmitteltrennung ist zu empfehlen.

8.
Ernährungsempfehlungen und Muster-Tagesmenüs

Dysbiose-Diät

Die Dysbiose-Diät dient unter anderem dem Zweck, das Wachstum und die Vermehrung des Pilzes Candida albicans soweit wie möglich zu unterdrücken und einen abnorm durchlässigen Darm zu heilen. Hefereiche Nahrungsmittel und Zucker stimulieren das Wachstum von Candida; sie sind daher möglichst zu meiden. Wie streng diese Diät eingehalten werden muß, hängt vom Ausmaß der Störung des bakteriellen Gleichgewichts im Darm und vom Stoffwechseltyp (*Reh, Tiger, Elefant*) ab. Nachfolgend einige allgemeine Empfehlungen für die Wiederherstellung der Darmflora.

Abzuraten ist von:

- »normalem« Brot (enthält Hefe).
- »normaler« Margarine und Halvarine.
- Käse und den meisten Milchprodukten.
- Weißmehlprodukten.
- allem behandelten Geflügel und Fleisch (unter anderem Wurst) und geräuchertem Fisch.
- Tiefkühl- und Dosengemüse mit Zusätzen wie Zucker, Mehl, Käse.
- Trauben, Bananen, Melonen, Kirschen.

- Zucker, Honig und zuckerhaltigen Produkten.
- Trockenobst wie Rosinen, Sultaninen, Datteln und Feigen, Erdnüssen und Erdnußbutter, Walnüssen, Paranüssen, Pistazien.
- Alkohol, Obstsäften, Limonaden und »normalem« Kaffee und Tee.
- Nahrungsmitteln, die natürlicherweise Hefe enthalten: Pilze, Alkohol, Hefeflocken, Sauerkraut, Sojabohnenkeime, Vitamin-R, Tartex, Bierhefe.
- Salzgebäck, Fertigsaucen, Suppen, Brühwürfel, Essig, Maggi, Ketchup, Senf, Oliven. Im Grunde sämtliche Fabriknahrung, die oft Zucker und chemische Zusätze enthält; Reste.

Zu empfehlen sind:
- nicht gegangenes, ungesüßtes Brot (Sauerteig); Vollkornkräcker ohne Hefe und Zucker und Reiswaffeln.
- Reformmargarine, Butter, kaltgepreßtes Öl.
- Buttermilch, Sojamilch ohne Zucker, Joghurt, Quark, Kefir.
- Vollkorngetreide (Silberhäutchenreis, Gerste, Hirse, Hafer, Roggen und Weizen), Vollkornprodukte.
- Hülsenfrüchte und Kartoffeln.
- frisches Fleisch, Geflügel und Eier ohne Antibiotika und Hormone (Freilauftiere), frischer Fisch und Tofu.
- frisches Gemüse, eventuell Tiefkühlware ohne Zusätze.
- sonstiges Obst.
- Süßstoff: Aspartame, wenn man wirklich nicht ohne Süßstoff auskommt.
- Reformkuchen ohne Zucker.
- ungebrannte Mandeln, Cashewnüsse und Nußpasten, Samen wie Sonnenblumenkerne, Leinsamen und Sesamsamen und Samenpasten wie zum Beispiel Sonnenblumenpaste.
- Mineralwasser ohne Kohlensäure, Kaffee-Ersatz, Kräutertees, Ergänzungsmittel ohne Hefe und Zucker.

Reh-Diät

Frühstück: Maissauerteigbrot mit Butter und zucker- und hefefreiem Belag, zum Beispiel Avocado, Nuß- oder Mandelmus, Nußbutter (frische gemahlene Nüsse mit Butter verrühren), Soja-Brotaufstrich, Kräuterbutter, Linsenpaste, Kichererbsenpaste, Reform-Pesto, Sonnenblumenpaste, Tahin, Tofu-Aufstrich. Tee oder Kräutertees ohne Zucker.

Zwischenmahlzeit: Sauerteigbrot, Reiswaffeln, Vollkornfladen oder Knäckebrot ohne Zucker mit Butter und obigem Belag. Kräutertee oder Kaffee-Ersatz ohne Zucker oder Heißwasserkur. Eine bis zwei Stunden vor dem Mittagessen eventuell eine frische Frucht, jedoch keine Zitrusfrüchte, Trauben, Bananen, Kirschen, Melonen und Trockenobst.

Mittagessen: Sauerteigbrot (eventuell leicht getoastet) mit Belag (siehe oben) *oder* blanchiertes Gemüse mit: a) Getreide, zum Beispiel Reis *oder* b) Vollkornmakkaroni, -spaghetti, -pasta *oder* c) Samen: Pinienkerne, Sonnenblumenkerne und ähnliches *oder* d) ungebrannte gemahlene Nüsse (Mandeln, Haselnuß, Cashew) *oder* e) weichgekochtes Ei: versuchen, ob die Leber Ei verträgt, *oder* f) Fisch, zum Beispiel Lachs und Forelle *oder* g) Freilaufgeflügel. Dressing: vorzugsweise Sesamöl und Sonnenblumenöl. Nicht erhitzen!

Zwischenmahlzeit: ein Schälchen Joghurt oder das morgendliche Zwischengericht.

Eine bis zwei Stunden vor der Mahlzeit eventuell eine frische Frucht (siehe Vormittag).

Abendessen: gekochtes oder blanchiertes Gemüse, feine Rohkost mit Rind- oder Lammfleisch oder Geflügel oder Fisch oder Vollkorn oder ein anderer Fleischersatz.

Am Abend: Kräutertee oder Kaffee-Ersatz ohne Zucker. Reformkuchen ohne Zucker und Hefe. Reiswaffeln oder Knäckebrot mit obigem Belag. Eine Tasse beruhigender Kräutertee oder ein Glas warme Ziegenmilch.

Tiger-Diät

Frühstück: zwei frische Früchte, jedoch keine Orangen, Mandarinen, Melonen, Trauben, Kirschen und Trockenobst.

Zwischenmahlzeit: Heißwasserkur. Kaffee-Ersatz oder Kräutertee ohne Zucker, Sauerteigbrot oder Knäckebrot (ohne Zucker und Hefe) mit Butter und Belag: Kräuterbutter, Nußpaste, Tahin, Sonnenblumenpaste, Avocado, Rindfleisch, Hühnerfilet, Truthahnschinken, Rohkost, Fisch.

Mittagessen: Rohkostsalat mit kaltgepreßtem Distel-, Oliven- oder Sonnenblumenöl. Sauerteigbrot mit Butter und Belag (siehe oben).

Zwischenmahlzeit: heißes Wasser, Mineralwasser ohne Kohlensäure, Gemüsesäfte, Bouillon, Kräutertee, Kaffee-Ersatz.

Zum Naschen: Maischips, nicht gebrannte Nüsse, trocken geröstete Samen.

Bei Hungergefühl: Sauerteig, Knäckebrot oder Reiswaffeln mit Belag.

Abendessen: eine große Portion Gemüse, Rohkost mit Dressing. Eine Portion Getreide, zum Beispiel Silberhäutchenreis, Quinoa, Hirse, Bulgur oder gekochte Kartoffeln. Vorzugsweise vegetarisch (Tofu, Seitan, Hülsenfrüchte) oder eine kleine Portion Rindfleisch (mäßig), Lammfleisch (mäßig), Geflügel oder Fisch.

Am Abend: Kaffee-Ersatz oder Tee ohne Zucker, Reformkuchen ohne Zucker. »Alternatives Naschwerk« wie frische ungebrannte Nüsse, trocken geröstete Sonnenblumenkerne, Pinienkerne oder Sauerteig mit Belag.

Elefanten-Diät

Frühstück: frisches Obst, jedoch keine Trauben, Kirschen, Melonen, Orangen, Mandarinen, Bananen.

Zwischenmahlzeit: Heißwasserkur mit einer Messerspitze Ingwer. Kaffee-Ersatz oder Kräutertee (zum Beispiel Kapha-Tee) ohne Zucker. Frisches Obst (siehe Frühstück).

Mittagessen: Rohkostteller mit zwei Teelöffel zerlassenem Ghee und: a) magerer Fisch *oder* b) mageres Rindfleisch, Lammfleisch (mäßig) *oder* c) Geflügel *oder* d) weich gekochtes Ei (versuchen, ob dies vertragen wird) *oder* e) Sauerteigbrot mit Butter und Rohkost.

Zwischenmahlzeit: heißes Wasser, Gemüsesäfte, Mineralwasser ohne Kohlensäure, Kräutertee, Kaffee-Ersatz.

Rohkostteller mit ein wenig trocken gerösteten Samen, zum Beispiel Pinienkernen.

Eine bis zwei Stunden vor der Mahlzeit ein Glas Gemüsesaft.

Abendessen: große Portion Gemüse, Rohkost (fein) mit a) Rindfleisch (mäßig), Fisch, Geflügel *oder* b) kleiner Portion Silberhäutchenreis, Bulgur, Hirse; zerlassene Butter oder ein Eßlöffel Ghee.

Am Abend: Kaffee-Ersatz oder Kräutertee ohne Zucker. Avocado oder Rohkostteller mit ein wenig Samen bei Hungergefühl, jedoch möglichst nach 20.00 Uhr nichts mehr essen.

Allgemeine Ernährungshinweise für die Leber

– Kein Kaffee, Tee, Alkohol, Schokolade, Zucker!
  Erlaubt sind Kaffee-Ersatz und Kräutertee sowie eventuell medizinische Kräutertees wie zum Beispiel:
  bei Leberstauung Odermennig, Salbei, Berberitze, Mariendistelsamen;
  bei Leberschwellung Löwenzahnwurzel, Salbei, Leberkraut, Tormentill;
  bei Galleüberfluß Thymian, Pfefferminze;
  bei Virusinfektion Berberitze, Löwenzahnwurzel, Tausendgüldenkraut, Mariendistelsamen, Rosmarin;
  bei zu wenig Galle Löwenzahnwurzel und Klettenwurzel;
  bei Gallensteinen Großes Schöllkraut, Schafgarbe, Berberitze.

- Tierische Eiweiße einschränken, kein Schweinefleisch. Gute Eiweiße sind: Magerquark, Joghurt, ungebrannte frische Nüsse, Getreide. In Maßen kann Geflügel (freilaufend) gegessen werden. Fisch ist ebenfalls eine gute Quelle, aber angesichts der heutigen Verschmutzung ist es nicht zu empfehlen, oft Fisch zu essen.
- Vorsicht mit Nahrungsmitteln, die bei Leberbeschwerden zu Problemen führen können: Nachtschattengewächse, Weizen, Roggen, Orangen, Mandarinen, Hülsenfrüchte (insbesondere braune Bohnen, weiße Bohnen, Sojabohnen) und schwer verdauliche Eiweiße wie Braten und gebackenes Ei.
- Vorsicht mit galletreibenden Speisen wie Spinat, Portulak, Rhabarber, Eigelb und dem oben genannten Kaffee.
- Fettarm essen, insbesondere die gebackenen und versteckten Fette, zum Beispiel Pommes frites, vermeiden. Fette, die relativ unproblematisch sind: in Maßen kaltgepreßtes Sesamöl (nicht erhitzen!) und Butter. Die Fette mit weniger schweren Nahrungsmittelkombinationen verwenden, zum Beispiel mit Gemüse.
- Hafer und Gerste sind wiederum gut für die Leber, ebenso bitteres Gemüse wie Chicoree, Endivien, Rettich und Radieschen.
- Zusätzliches Beta-Karotin in Form von Karottensaft zuführen. Ein Glas von 150 ml täglich kann schon Wunder wirken.
- Gartechnik: vorzugsweise kurzgaren, dünsten, grillen. Nicht backen und fritieren.
- Feine Rohkost und gekeimte Samen wie Tofu, Alfalfa sind zu empfehlen. Wegen der reichlich vorhandenen Enzyme ist es sinnvoll, Mittag- und Abendessen mit sehr feiner Rohkost und gekeimten Samen zu beginnen.
- Die Heißwasserkur ist die preiswerteste Leberdrainage, die es gibt. Diese Kur ist nicht nur bei jeder Entgiftungsmaßnahme zu empfehlen, sondern auch als regelmäßige Anwen-

dung, zum Beispiel zu Beginn der Jahreszeiten. Vor allem im Frühjahr und Herbst, denn dies sind die »Leberzeiten« des Jahres.

Gemüsesäfte

Frisch gepreßte Gemüsesäfte sind reich an Vitaminen und Mineralen. Daher empfiehlt es sich, täglich Saft zu trinken. Frisch gepreßter Saft ist anderen Getränken wie (Kräuter-)Tee und Wasser vorzuziehen. Die Anschaffung eines Entsafters lohnt sich daher in jedem Fall. Menschen, die von Rohkost Darmbeschwerden bekommen, vertragen dagegen oft frisch gepreßten Gemüsesaft: Die Darmbeschwerden werden durch die im Gemüse enthaltenen Zellulose verursacht, die beim Entsaften in der Maschine zurückbleibt.

Es sind alle Kombinationen von Gemüse erlaubt, doch sollten immer reichlich Karotten enthalten sein. Karottensaft hat reinigende Wirkung auf die Leber. Es empfiehlt sich, dem Karottensaft einige Tropfen Öl hinzuzufügen, da Vitamin A in Fett löslich ist, nicht jedoch in Wasser. Das Öl sorgt dafür, daß das Karotin leichter in den Körper aufgenommen wird. Rote-Bete-Saft entgiftet das Blut und verbessert die Sauerstoffaufnahme der Körperzellen. Andererseits haben rote Bete einen relativ hohen Zuckergehalt. Außerdem können sie mit Nitrat belastet sein, weshalb es sich empfiehlt, stets etwas frisch gepreßten Zitronensaft oder eine Messerspitze Vitamin C hinzuzufügen.

9.
Entgiftungswege der Leber

Wie schon in Kapitel 2 beschrieben, arbeitet die Leber in zwei wichtigen Entgiftungsphasen: Phase 1 unter dem Einfluß der Zytochrome P 450, die spezifische Giftstoffe in Produkte umwandeln, die über Galle und Harn ausgeschieden werden können, und Phase 2 unter dem Einfluß der konjugierenden Enzyme, die ebenfalls eine Ausscheidung von Giftstoffen über Galle und Harn ermöglichen.

Eine Blockade in Phase 1 führt zur Bildung freier Radikale (siehe auch das Kapitel über Oxidation, Seite 75 folgende), eine Blockade in Phase 2 zu einer Ansammlung von Giftstoffen. Dies hat nicht nur für die Leber selbst, sondern auch für andere Organe negative Auswirkungen in Form von Hormonstörungen, neurologischen Störungen, Nieren- und Blasenbeschwerden und einer Schwächung des Immunsystems.

Erkrankungen entstehen nicht von heute auf morgen. Es beginnt mit einem latenten Stadium, das wegen der fehlenden Symptome gefährlich ist. Der Zustand der Körperflüssigkeiten verschlechtert sich ganz allmählich in einer kaum wahrnehmbaren Weise. Dies verleitet zu der irrigen Auffassung, daß der Körper ohne weiteres »ein wenig Gift« vertragen könne.

In Wirklichkeit sammeln sich die verschiedenen Schadstoffe so lange an, bis eine Krankheit zum Ausbruch kommt. Es ist richtig, daß der Körper sich auf unterschiedlichen Wegen von seinen Abbauprodukten befreien kann, aber seine Entgiftungskapazität ist nicht unbegrenzt.

Heute befinden wir uns aufgrund der Menge und der Gefährlichkeit der uns umgebenden Giftstoffe ständig nahe an dieser Grenze, so daß Krankheiten urplötzlich ausbrechen können.

Merkmale der Selbstreinigung der Körperflüssigkeiten

1. Über das Verdauungssystem

Die Reinigung von Blut und Lymphe über die Verdauungsdrüsen löst häufig Symptome aus wie:

- beschlagene Zunge.
- unangenehmer, fader Geschmack im Mund.
- brennendes Gefühl auf der Zunge und an der Mundschleimhaut.
- Schrunden und entzündete Stellen.
- Neigung zu Mandel- und Halsentzündung.
- Sodbrennen.
- brennende, juckende, prickelnde Haut oder Schleimhaut.

2. Über die Nieren

In einem Zeitraum von 24 Stunden filtrieren die Nieren etwa 200 Liter Blut. Im Normalzustand der Körperflüssigkeiten muß der Harn eine goldgelbe Farbe haben und sauber, klar und frei von starken Gerüchen sein. Wenn der Harn über einen längeren Zeitraum in einem Glas aufbewahrt wird, darf sich kein Niederschlag bilden.

Zeichen für nicht gesunde Körperflüssigkeiten sind:

- ziegelroter oder hellbrauner Harn.
- trüber Harn.
- Bildung von Flocken und Wolken im Harn.
- Niederschlag und ein scharfer, stechender Geruch des Harns.

3. Über die Lungen

Die Zahl der Lungenbläschen, über die ein aktiver Gasaustausch stattfindet, beträgt beim Mann vierhundert und bei der Frau dreihundertfünfzig Millionen. An allen diesen Bläschen nimmt das Blut Sauerstoff auf und gibt Kohlensäure, Abbaugase und Flüssigkeiten ab. In dieser Weise wird das Blut mit jedem Atemzug gereinigt.

Jeder zu voluminöse oder anderweitig erkrankte Bauch führt zu einem Hochstand des Zwerchfells und schränkt dessen Beweglichkeit ein. Dies wird auch als Roemheld-Syndrom bezeichnet. Folgende Symptome können auftreten:

- Atemnot.
- Angina pectoris-ähnliche Schmerzen.
- Hyperventilation.
- Herzklopfen.

4. Über die Haut

Wegen ihrer Fähigkeit, Flüssigkeiten zu reinigen, wird die Haut auch »dritte Niere« genannt. Mit Hilfe von Millionen von Schweiß- und Talgdrüsen reinigt die Haut die Körperflüssigkeiten von Schlacken- und Giftstoffen. Die Ausscheidung von Giftstoffen ist gekennzeichnet durch:

- Schweiß, der eine ungewöhnliche Farbe hat, zum Beispiel gelbliche oder bläuliche Ringe unter der Achsel.
- Nachtschweiß.
- Unangenehmer Körpergeruch.
- Hautausdünstungen und Schweißgeruch, der säuerlich, ranzig, stechend oder ammoniakartig sein kann.

Durch die heute immer schnellere Ansammlung von Schlackenstoffen, die in den Körperflüssigkeiten beginnt (humorales Stadium) und in Form einer Giftmüllkippe in den Zellen (Zellenstadium) endet, entwickeln sich die Krankheitsstadien im Körper ungewöhnlicher und weniger »latent« als noch vor fünfzig

Jahren. Normalerweise durchläuft eine Krankheit etwa sechs Stadien. Durch eine dysfunktionelle Leber kann dieser Prozeß in Verbindung mit den immer neuen Formen von Vergiftungen, die es heute gibt, zu komplizierten Stoffwechselstörungen führen. In welchem Umfang eine Dysbiose, eine abnorme Durchlässigkeit des Darms und/oder eine Leberblockierung vorliegt, kann mittels der Stoffwechsel-Checkliste (Anhang, Seite 129 folgende) festgestellt werden.

Je höher die Punktzahl ist, desto komplexer ist die Störung von Darm, Leber und Bauchspeicheldrüse.

Die sechs Krankheitsstadien

Um überleben zu können, muß sich der Körper regelmäßig von Gift- und Schlackenstoffen befreien. Es gibt sechs Stadien, in denen der Körper kompensatorisch eine Ausscheidung regelt. Wenn dies nicht gelingt, ist chronischen Erkrankungen Tür und Tor geöffnet.

Das humorale Stadium (Blut und Körperflüssigkeiten)

1. Ausscheidungsphase
- Appetitmangel.
- Schwitzen.
- Müdigkeit (erzwungene Ruhe).
- Erkältungsschübe, Grippe.
- Aushusten von Schleim, Husten.
- tränende Augen, Niesen.
- Durchfall.
- häufiges Wasserlassen.
- Fieber.
- triefende Nase.
- Schlafstörungen.
- Atembeschwerden, unter anderem Hyperventilation.

2. *Reaktionsphase*

- Entzündung, Abszeß (Eiter, Schleim).
- Bindegewebsentzündungen.
- Angina.
- Hautausschlag.
- Nervenentzündung – ein »Hilferuf« der Nerven nach sauberem Blut.
- Gelenkentzündung – ebenfalls ein »Hilferuf« nach sauberem Blut.
- Leberentzündung.
- Darmentzündung.
- Symptome mit der Endung »-itis«, das heißt Entzündungen.

3. *Verschlackungsphase*

- Leberflecken und andere Hautunreinheiten.
- Gallensteine, Nierensteine.
- Gichtknoten.
- rheumatische Erkrankungen.
- gutartige Tumoren.
- Arterienverkalkung.
- grauer Star.

Das Zellenstadium

4. *Phase der erneuten Vergiftung*

Der Giftspiegel steigt, und es können keine Schlackenstoffe mehr ausgeschieden werden. Jetzt wird die Struktur der Zelle angegriffen.

- Leberschäden.
- Magen-, Darmgeschwüre.
- Herzbeschwerden.
- asthmatische Bronchitis.
- Knochenentkalkung.

Um diese Erkrankungen, deren klinische Bezeichnungen meist auf »-pathie« enden (Kardiomyopathie, Cholezystopathie) zu beseitigen, ist ebenfalls eine Entgiftung notwendig.

Allerdings ist hier eine Bekämpfung der Krankheit, sofern überhaupt möglich, schwieriger als im humoralen Stadium.

5. Degenerative Phase

Die Schädigung greift nun tief in die Organstrukturen ein, wodurch eine Genesung fast unmöglich wird.

- Leberzirrhose.
- Schrumpfnieren.
- Multiple Sklerose.
- Lähmungen.
- Erblindung.
- Ertaubung.

6. Krebsentstehungsphase

Durch die enorme Belastung mit Giftstoffen beginnt die Zelle zu wuchern.

In jedem der genannten Stadien ist es wichtig, auch die Leber zu behandeln. Reguläre Leberuntersuchungen bleiben in der ersten Phase häufig ohne Befund. In der letzten Phase nicht mehr, jedoch ist es dann oft zu spät. Umfassendere Leberuntersuchungen sind in den Vorstadien sehr wichtig. Der naturheilkundliche Arzt, der (Elektro-)Akupunkteur, der Kinesiologe oder Osteopath können oft schon erkennen, daß eine Unterstützung der Leber notwendig ist, wenn labortechnisch noch kein Befund festzustellen ist.

Maßnahmen zur Unterstützung der Leber in Phase 1 und Phase 2 sind in Abbildung 7 auf der nächsten Seite dargestellt.

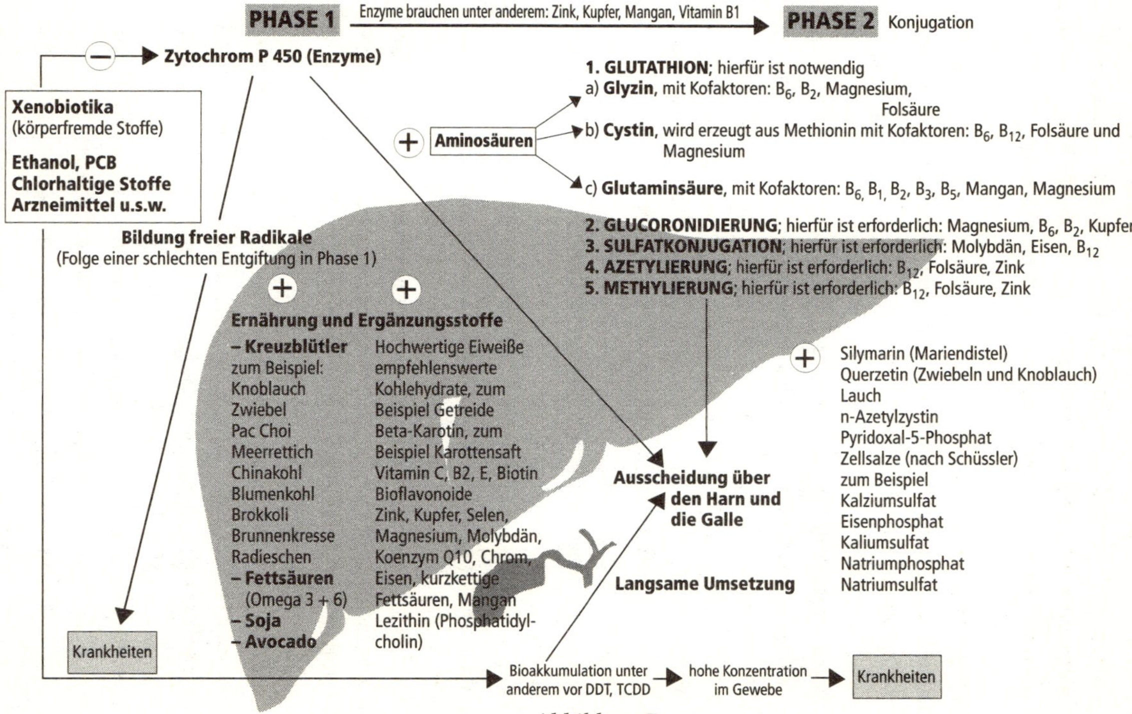

Abbildung 7
Voraussetzungen für eine einwandfreie Entgiftungsfunktion der Leber

Weiterhin ist die Leber zu entlasten von Giftstoffen aus:

- Darm.
- Nahrung. Gesunde Nahrung, zum Beispiel Kreuzblütler, ist notwendig. Vergleichen Sie hierzu die Abbildung auf Seite 101 und die Ernährungsempfehlungen für die Leber auf Seite 87 folgende.
- chemischer Medikation. Oft sind im Beipackzettel eines »Heil«mittels Nebenwirkungen auf die Leber genannt (siehe auch Kapitel 13).

Weiterhin ist auf folgendes zu achten:

1. Zufuhr von Vitamin B_{12}. Diese ist oft aufgrund einer Störung der Magenfunktion (Intrinsic-Faktor) und Resorptionsstörungen im Darm nicht ausreichend. Der Verbrauch von Vitamin B_{12} ist bei Störungen in der Leber und/oder durch Entgiftungsprozesse unter anderem in Phase 2 (siehe Schema) erhöht.
2. »Positivveränderung« der Leber, die zum Beispiel durch ein Virus belastet ist. Hier können osteopathische Behandlungen hilfreich sein.
3. Energie»verteilungen« bei einer Akupunkturbehandlung. Ein guter Akupunkteur weiß, daß bei einer starken toxischen Belastung der Leber andere Punkte gestochen werden müssen als bei einer normalen Behandlung. Die Kräftigung der Verdauung und vorsichtiges »Ausleiten« haben Priorität.
4. Enzymfunktion der Bauchspeicheldrüse; bei Enzymschwäche ist eine Dysbiose fast unausweichlich.
5. Säurekonzentration im Magen. Die Verdauung von Eiweißen beginnt im Magen! Fäulnisgeruch des Stuhls sagt etwas über die Eiweißverdauung aus (Magen, Bauchspeicheldrüse). Fettiger Stuhl, der in der Toilette schwimmt, gibt Hinweise auf die Fettverdauung (Galle, Bauchspeicheldrüse). Gärender Stuhl, der säuerlich riecht und weißliche Flocken enthält, läßt Rückschlüsse auf die Kohlenhydratverdauung (Bauchspeicheldrüse) zu.

Die Ernährungsempfehlungen können je nach Beschwerden vorübergehend geändert werden. Wichtig ist es, Enzympräparate nicht zu lange anzuwenden, sondern eine strukturelle Behandlungsform zu wählen, indem man feststellt, ob genügend enzymaufbauende Spurenelemente, zum Beispiel Mangan, Zink, Kupfer, vorhanden sind.

Bei Verdauungsstörungen ist eine Eiweißeinschränkung und/oder Nahrungsmitteltrennung und/oder Kohlenhydrate- und Fettreduzierung zu empfehlen. Manchmal ist es wichtig, eine Aminosäureanalyse durchführen zu lassen, um zu prüfen, ob der Leber für ihre Entgiftungsprozesse genügend Aminosäuren wie Zystin, Methionin und Glutaminsäure zur Verfügung stehen. Selbst Fleischesser können bei schlechter Verdauung einen Mangel an essentiellen Aminosäuren haben. Auch Kofaktoren wie Vitamin B_1, B_2, Folsäure und Magnesium müssen in ausreichenden Mengen vorhanden sein. Eine Vollblutanalyse ist vorzuziehen. Der Serum-Magnesiumgehalt kann zum Beispiel in Ordnung sein, während die Zellenkonzentration zu niedrig ist.

10. Hormonelles Ungleichgewicht

Wie oben dargestellt, spielt die Leber eine Rolle bei der Deaktivierung, Aktivierung und dem Aufbau von Hormonen. Für diesen Prozeß braucht die Leber bestimmte Vitalstoffe. Die Zufuhr dieser Stoffe hängt wiederum von einer guten Verdauung und einer ungestörten Aufnahme im Darm ab (siehe Abbildung 8). Bei Funktionsstörungen des Magens, einer Dysbiose oder der Einnahme bestimmter chemischer Arzneimittel kann ein Mangel an Vitamin B_{12} entstehen. Dies kann eine bestimmte Form von Blutarmut (perniziöse Anämie), Störungen bei der Leberentgiftung, Nervenschädigungen, Vergeßlichkeit, Depressionen, Kopfschmerzen, Gewichtsverlust und ähnliches zur Folge haben (siehe Vitalstoffe-Tabelle auf Seite 134 folgende).

Für einen gesunden Hormonhaushalt ist eine einwandfreie Leberfunktion von wesentlicher Bedeutung. Für die Synthese von Hormonen muß Cholesterin bereitgestellt werden, wofür die oben genannten Vitalstoffe wichtig sind. Die Leber braucht daher bestimmte Vitamine wie Vitamin B_3, Vitamin C, Beta-Karotin und Minerale wie Magnesium, Kupfer, Zink, damit Hormone in der erforderlichen Weise aufgebaut und abgebaut werden können.

Bezüglich des Hormonhaushalts muß auch die Prostaglandinsynthese noch erwähnt werden. Prostaglandine sind biologisch aktive hormonähnliche Verbindungen, die in den verschiedensten Geweben und Organen gebildet werden und schon

Dünndarm-resorption

- Minerale wie: Kalzium, Magnesium, Eisen, Zink, Chrom, Mangan
- Wasserlösliche Vitamine wie: Vitamin-B-Komplex, Vitamin C
- Fettlösliche Vitamine wie: Vitamin A, D, E, K
- Kohlenhydrate wie: Glukose, Fruktose

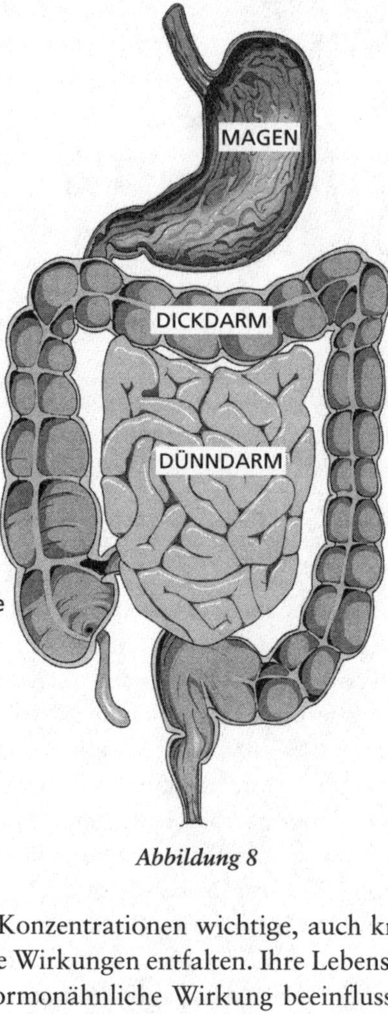

- Eiweiße
- Fette
- Vitamin B_{12}

Die Aufnahme erfolgt am Ende des Dünndarms

Abbildung 8

in geringsten Konzentrationen wichtige, auch krankmachende physiologische Wirkungen entfalten. Ihre Lebensdauer ist kurz. Durch ihre hormonähnliche Wirkung beeinflussen sie die Regulierung des Zellstoffwechsels, und sie spielen eine Rolle bei der Zellteilung. Weiterhin haben Prostaglandine eine wichtige Funktion bei der Blutgerinnung, der Regelung des Blutdrucks, Entzündungen und für die Funktion der glatten Muskulatur.

Für die Biosynthese von Prostaglandinen müssen die richtigen Fettsäuren verfügbar sein. Trans-Fettsäuren blockieren die Prostaglandinsynthese. Diese Trans-Fettsäuren entstehen unter anderem durch die Erhitzung mehrfach ungesättigter Fettsäuren in der Nahrung. Fertigprodukte, Backwaren, behandeltes Fleisch, Suppen, Margarine und in Öl gebackene Speisen enthalten viele Trans-Fettsäuren.

Bestimmte Fettbestandteile können nicht selbst im Körper hergestellt werden. Diese für die Gesundheit des Menschen notwendigen Fettbestandteile werden als essentielle Fettsäuren oder Vitamin F bezeichnet (siehe Vitalstoffe-Tabelle auf Seite 134 folgende).

Pflanzliche Nahrung und Seefisch sind die Hauptlieferanten der essentiellen Fettsäuren. Diese sind Bestandteil der Zellwände und notwendig für eine einwandfreie Zellfunktion und die Herstellung von Prostaglandinen.

Die Bildung von Prostaglandinen erfolgt in mehreren Schritten, wobei Prostaglandine des Typs 1, 2 und 3 (PG_1, PG_2 und PG_3) entstehen. PG_1 und PG_3 werden – vereinfacht ausgedrückt – unter normalen Bedingungen hergestellt und spielen eine wichtige Rolle für das Immunsystem und den Kreislauf.

PG_1 hat bezüglich des Blutkreislaufs drei günstige Wirkungen: Es senkt den Cholesterinspiegel, verhindert die Zusammenklumpung von Blutplättchen und regelt den Blutdruck.

Unter pathologischen Bedingungen dagegen, zum Beispiel bei einer Virusinfektion oder Streß, werden PG_2 gebildet. Dies ist nicht so zu verstehen, daß die Prostaglandine des Typs 2 pathologische Substanzen wären; vielmehr reagiert der Körper bei krankmachenden Einflüssen mit der Bildung von PG_2.

Dieser Aufbau von PG_2 ist ein Versuch des Körpers, sich zu heilen. PG_2 ist im Körper für Entzündungsreaktionen im Gewebe wie Schmerzen, Rötung, Erwärmung und Schwellung verantwortlich. Die Vitalstoffe Linolensäure, Vitamin B_3, B_6 und C, Zink und Magnesium fördern die Bildung von PG_1 und wirken dadurch der von PG_2 entgegen.

Zucker, Alkohol, gesättigte Fettsäuren, Trans-Fettsäuren, Arzneimittel, Strahlung und bestimmte Viren hemmen wiederum die PG_1-Synthese.

Wenn der Körper mit den richtigen Nährstoffen versorgt wird und diese gut aufgenommen werden, muß stets mehr PG_1 als PG_2 gebildet werden. Dadurch gehen die Entzündungsreaktionen zurück.

Für den Hormonhaushalt und die Prostaglandinsynthese ist folgendes wichtig:

- gute Verdauung.
- guter Stoffwechsel (Leber).
- gute Aufnahme von Vitaminen und Mineralen, unter anderem Magnesium, Vitamin C, E, B-Komplex, Zink, Selen, Taurin.
- gesunde Darmflora, da bei Dysbiose weniger Vitalstoffe aufgenommen werden.
- wertvolle Fettsäuren, zum Beispiel aus kaltgepreßtem Lein-, Distel-, Weizenkeim- oder Nachtkerzenöl, nicht belastetem fettem Fisch.
- richtige Ernährung: kein Zucker, keine Genußmittel, keine erhitzten Fette.
- ausreichend Antioxidanzien, insbesondere Vitamin E zum Schutz der Fettsäuren.

Frauen mit Hormonstörungen müssen besonders auf ihre Leber achten!

Die Einnahme von Arzneimitteln, aber auch die Abbauprodukte von Viren, Pilzen und Bakterien können die Prostaglandinsynthese stören und die sonstigen Leberfunktionen belasten.

11.
Atem- und Yoga-Übungen

Für eine gute Verdauung, einen funktionstüchtigen Stoffwechsel und den Abbau emotioneller, mentaler und physischer Streßsymptome spielt der Atem eine bedeutende Rolle. Da über die Dynamik des Atmens schon viel geschrieben wurde, beschränke ich mich hier auf Atemübungen, die mit dem Thema dieses Buchs zu tun haben.

Für die Leber besonders wichtig ist die sogenannte Zwerchfellatmung. Das Zwerchfell ist ein kräftiger Muskel, der als perfekte Druckpumpe nach unten geht, auf Leber, Milz und die übrigen Eingeweide drückt und das ganze Pfortadersystem und den Blutkreislauf des Unterbauchs mit neuer Lebenskraft erfüllt.

Welche Rolle spielt die Zwerchfellpumpe?

- Durch die Druck- und Saugwirkung übt sie Einfluß auf die Zufuhr und den Abtransport von Blut und Lymphe an den Organen des Bauchraums aus.
- Durch die systematische Kompression beeinflußt sie die Darmfunktion. Durch diese innere Massage unterstützt sie daher unseren Stoffwechsel.
- Durch den Druck auf die Leber regt das Zwerchfell den Gallefluß an und hat auch hier wegen der rhythmischen Bewegung positiven Einfluß auf die übrigen Leberfunktionen. Für eine intensive Leberdrainage ist daher ein gut funktionierendes Zwerchfell und damit eine richtige Atmung erforderlich.

Einfache Atemübungen

Übung 1

Legen Sie sich auf den Rücken und ziehen Sie die Knie leicht an. Setzen Sie die Füße flach auf den Boden auf. Legen Sie die Hände unterhalb des Nabels auf den Bauch. Lassen Sie die Arme entspannt liegen.

Strecken Sie den Nacken etwas, so daß das Kinn zur Brust wandert. Entspannen Sie dann Nacken und Schultern. Atmen Sie mit einem Pffff-Laut ruhig aus und lassen Sie den Atem ganz mühelos über die Unterlippe ausströmen.

Spüren Sie, wie Ihr Bauch jetzt flach wird. Lassen Sie dann den Atem ruhig wieder über die Nase einströmen.

Wenn diese Übung gut gelingt, gehen Sie zum nächsten Schritt.

Atmen Sie ruhig mit dem Pfff-Laut aus und spannen Sie dabei die Muskeln des Unterbauchs etwas an, so daß der Bauch noch flacher wird. Nicht alle Luft herauspressen!

Atmen Sie wieder ruhig ein und üben Sie dies wiederum einige Zeit.

Atmen Sie dann ruhig mit dem Pfff-Laut aus und spannen Sie die Muskeln des Unterbauchs und des Beckenbodens an. Dies sind dieselben Muskeln, die zur Zurückhaltung von Harn und Stuhl dienen. Vermeiden Sie jedoch jede Anstrengung. Spannen Sie nicht die Gesäßmuskeln an, sondern führen Sie die Übung ganz ruhig aus. Spüren Sie, ob Füße und Fersen noch entspannt flach auf dem Boden aufliegen. Nun lassen Sie den Atem wieder in den Raum einströmen, der durch die Entspannung der Muskeln entstanden ist.

Atmen Sie wiederum bis zu den Händen auf dem Bauch ein. Dadurch wölbt sich der Bauch etwas; bleiben Sie einige Zeit in dieser Haltung.

Wiederholen Sie diese Übung mehrmals. Lockern Sie dann alles und dehnen Sie sich ausgiebig.

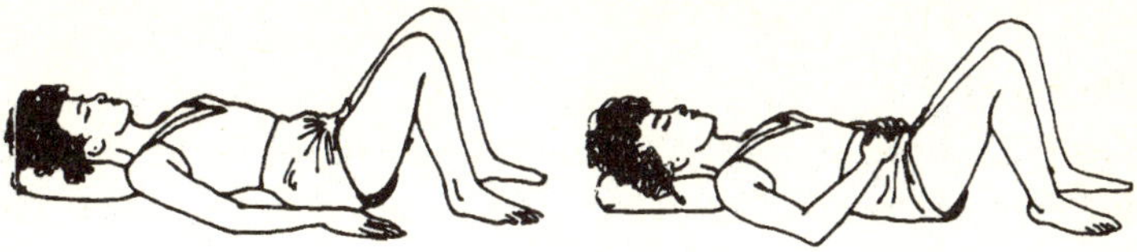

Übung 1

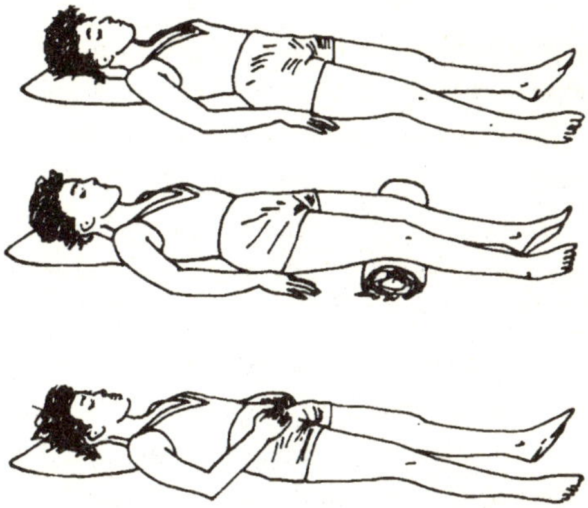

Übung 2: Atmen Sie mit einem U-Laut

Übung 2

Legen Sie sich wieder wie in Übung 1 hin. Wenn Sie es angenehmer finden, die Beine entspannt auszustrecken, ist dies auch in Ordnung. Legen Sie gegebenenfalls eine aufgerollte Decke oder ein dickes Kissen unter die Knie.

Atmen Sie ruhig mit dem Pfff-Laut aus und spannen Sie Unterbauch- und Beckenbodenmuskulatur etwas an. Spitzen Sie die Lippen zu einem »U«, so daß die Luft langsam durch den Mund einströmt. Sie hören jetzt ein hohles, dumpfes Geräusch, eine Art U-Laut. Sie spüren, wie der Bauch wieder nach oben geht.

Atmen Sie wieder ruhig mit einem Pfff-Laut aus.

Die U-Atemübung mit dem »dunklen« Geräusch gibt Ihnen die Möglichkeit, die Halspartien weiter zu lockern. Dadurch werden Zwerchfell und Becken noch mehr entspannt, so daß die tiefe Atmung besser gelingt. Wenn Sie erfahren haben, wie sich die größere Entspannung anfühlt, atmen Sie wieder durch die Nase.

Yoga-Übungen

Nachfolgend eine Übung, die sich für die Erlangung innerer Ruhe als nützlich erwiesen hat. Weiterhin lernen Sie Ihre Fähigkeit kennen, selbst etwas für Ihre Gesundung zu tun.

Es ist eine erfreuliche Tatsache, daß sich heute auch in der Schulmedizin immer mehr die Erkenntnis durchsetzt, daß Menschen die Fähigkeit haben, selbst eine Krankheit hervorzurufen und sich selbst zu heilen. Durch die Beherrschung des sogenannten Alpha-Niveaus, wie dies mit der nachfolgenden Übung geschieht, steigert man seine Kreativität, Einsicht und Intuition. Man kann sich damit einen erwünschten Zustand, zum Beispiel eine gesunde Leber, vorstellen und so ganz bewußt die Qualität seines Lebens beeinflussen. Der Heilungsprozeß, den man auf diese Weise in Gang setzt, ist ein »Wunder«. Das »Wunder« hat seinen Sitz in uns selbst.

Übung

1. Schließen Sie die Augen und wenden Sie sie etwas nach oben in Richtung der Brauen.
2. Zählen Sie langsam in Gedanken von fünfzig bis eins. Warten Sie zwischen den Zahlen jeweils eine Sekunde. Richten Sie die bewußte Aufmerksamkeit nacheinander auf alle Körperteile, wobei sie mit dem Scheitel beginnen und nach unten zu den Zehen fortschreiten. Dabei alle Körperteile nacheinander entspannen.

3. Stellen Sie sich bei der Zahl eins vor, wie Sie jugendlich, strahlend gesund und attraktiv sind.
- Fragen Sie sich in Gedanken: Warum habe ich diese Erkrankung? Lassen Sie dann den Gedanken freien Lauf.
- Wenn Sie bemerken, daß Sie an einen bestimmten Menschen denken, machen Sie sich eine Vorstellung von ihm.
- Stellen Sie sich vor, wie Sie einander verzeihen. Drücken Sie dem Betreffenden in Gedanken die Hand, sehen Sie vor sich, wie Sie einander zulächeln und einander bestätigend zunicken. Erleben Sie das angenehme Gefühl, das sich dabei einstellt.
4. Wiederholen Sie in Gedanken: »Ich werde immer für einen ganz gesunden Körper und einen ganz gesunden Geist sorgen.«
5. Sagen Sie dann zu sich selbst: »Ich werde von eins bis fünf zählen. Bei fünf öffne ich meine Augen und fühle mich sehr gut und ganz gesund: besser als zuvor.«
6. Beginnen Sie zu zählen. Bei der Zahl drei wiederholen Sie: »Wenn ich bei fünf bin, werde ich die Augen öffnen, mich sehr gut und ganz gesund fühlen: besser als zuvor.«
7. Zählen Sie weiter bis vier, dann bis fünf. Öffnen Sie bei fünf die Augen und stellen Sie sich in Gedanken vor: »Ich bin völlig wach, fühle mich gut, ganz gesund und besser als zuvor. Es ist so.«

   Siehe auch *Der Heiler in Dir* von Jose Silva und Robert B. Stone (Goldmann 12069).

Tip: Bei Schlaflosigkeit können Sie Schritt 1 und 2 durchführen. Beginnen Sie dann jedoch mit dem Zählen bei einhundert. Meist schlafen Sie dann schon, bevor Sie die Übung zu Ende bringen können.

Trikonasana

Stellen Sie sich mit gespreizten Beinen hin. Setzen Sie den rechten Fuß gerade nach vorne und drehen Sie den linken Fuß ganz

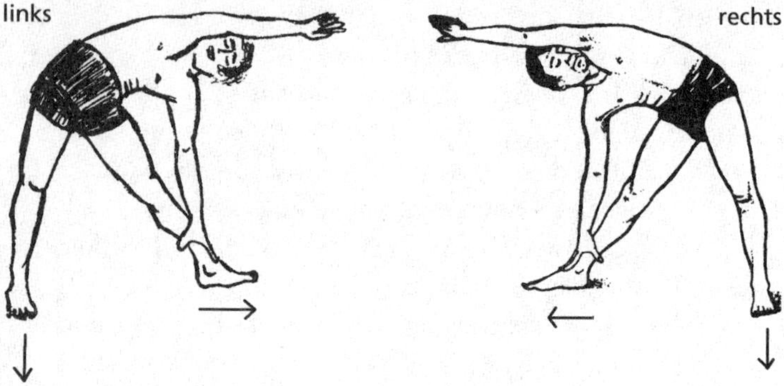

nach hinten außen. Während dieser ganzen Übung muß das Becken gerade nach vorne weisen.

Strecken Sie sich in Richtung des Scheitels und spüren Sie die Haltung, in der Sie stehen. Atmen Sie dann aus.

Führen Sie beim Einatmen die Arme mit nach unten weisenden Handflächen zur Seite. Die Schultern bleiben entspannt. Atmen Sie aus. Beim nächsten Ausatmen beugen Sie sich mit dem Oberkörper nach links, während die linke Hand das linke Bein festhält. Blicken Sie weiter geradeaus und strecken Sie den rechten Arm zum rechten Ohr. Die Handfläche weist dabei nach oben.

Bleiben Sie in dieser Haltung und atmen Sie entspannt durch. Bleiben Sie in dieser Stellung, solange Sie möchten. Durch Üben können Sie die obige Stellung länger halten, aber forcieren Sie nichts.

Wiederholen Sie dieselbe Übung nach rechts. Die Stellung der Füße muß dabei geändert werden: Der linke Fuß steht gerade vorne, der rechte Fuß weist nach rechts.

Wiederholen Sie die Übung nochmals nach links.

Legen Sie sich dann entspannt auf den Rücken und reiben Sie die Hände aneinander. Lassen Sie die Aufmerksamkeit auf die Hände gerichtet und legen Sie diese entspannt auf die Lebergegend. Bleiben Sie so noch etwa fünf Minuten entspannt liegen, während Sie ruhig weiteratmen.

12.
Ernährung und Arzneimittel

Ernährungsfaktoren können die Wirkung von Arzneimitteln beeinflussen. Umgekehrt ist es möglich, daß Arzneimittel die Aufnahme von Nährstoffen beeinträchtigen. Obwohl über dieses Thema schon viel geschrieben wurde, brauchen wir heute angesichts der Zunahme des Arzneimittelverbrauchs weitere Informationen über die Wechselwirkungen zwischen

- Ernährung und schulmedizinischen Arzneimitteln.
- Ernährung und alternativen Arzneimitteln.
- Ernährung und orthomolekularen Präparaten.
- Ernährung, orthomolekularen Präparaten und Arzneimitteln.

Weiterhin ist es wichtig, daß (Haus-)Arzt, Spezialist, Ernährungsberater und Apotheker enger zusammenarbeiten.

In den obigen Kapiteln habe ich beschrieben, daß die Leber auch im Hinblick auf Arzneimittel das wichtigste Stoffwechselorgan ist. Weiterhin finden chemische Umwandlungen in der Darmwand und im Blut statt. Die in der Verarbeitung von Arzneimitteln beteiligten Enzymsysteme liegen hauptsächlich im glatten endoplasmatischen Retikulum der Leber. Vergleichen Sie die Phasen 1 und 2 in den Abbildungen auf Seite 20 und 101. Die Leber verfügt in Phase 2 über fünf Entgiftungspfade.

Die stoffwechselwirksamen Enzymsysteme der Leber können durch verschiedene Stoffe aktiviert werden, und zwar sowohl durch Verbindungen aus der Nahrung wie auch durch Arzneimittel. Dies ist die sogenannte Enzyminduktion.

First-pass-Effekt

Die aus dem Darm über die Kleinzotten aufgenommenen Stoffe werden über die Pfortader zur Leber befördert. Die Nahrungsmoleküle gelangen daher nicht direkt in das allgemeine (systemische) Blutgefäßsystem.

Während dieser ersten Passage (First-pass) kann ein Teil der aufgenommenen Menge eines Arzneimittels chemisch umgesetzt werden. Inwieweit dies geschieht, hängt weitgehend von der Struktur des Arzneimittels ab. Diese Umwandlung einschließlich derjenigen durch die Enzyme der Darmschleimhaut wird First-pass-Stoffwechsel oder First-pass-Effekt genant. Wenn gleichzeitig mit einem Arzneimittel Nahrung aufgenommen wird, kann dies den First-pass-Effekt beeinflussen.

Biologische Verfügbarkeit

Der mengenmäßige Anteil eines aufgenommenen Stoffs, der in den systemischen Kreislauf gelangt, wird als biologische Verfügbarkeit bezeichnet. Ein Stoff, der nach der Einnahme vollständig aufgenommen wird und keinem First-pass-Stoffwechsel unterliegt, besitzt daher eine hundertprozentige biologische Verfügbarkeit. Bestimmte Arzneimittel gegen hohen Blutdruck (Betablocker) zum Beispiel haben eine biologische Verfügbarkeit von 35 Prozent, da sie zwar im Magen-Darm-Kanal vollständig resorbiert werden, aber beim ersten Durchgang durch die Leber zu einem großen Teil abgebaut werden.

Intravenöse Injektionen haben eine hohe biologische Verfügbarkeit, weil sie direkt in den systemischen Kreislauf gelangen.

Injektionen von Vitamin B_{12} und anderen Vitaminen der B-Gruppe zum Beispiel können aufgrund ihrer höheren biologischen Verfügbarkeit der Leber einen positiven Schub verleihen. Bei einer abnormen Durchlässigkeit des Darms, bei Dysbiose und Problemen mit dem Intrinsic-Faktor (einer bestimmten Magenstörung) können Vitamin- und Mineralstoffinjektionen sehr hilfreich sein.

Die Ernährung kann aufgrund verschiedener Mechanismen die biologische Verfügbarkeit von schulmedizinischen und/oder alternativen Arzneimitteln beeinflussen. Beispiele hierfür:

- Verzögerung der Magenentleerung durch fett- und/oder eiweißreiche Ernährung. Dadurch nimmt die biologische Verfügbarkeit ab, weil das Mittel zu lange in einem sauren Milieu verweilt.
- Konkurrenz im Darm um einen aktiven Transportmechanismus. Beispiel: Levodopa, ein Medikament, das bei Parkinson verordnet wird, und andere Aminosäuren. Auch hier verschlechtert sich die Aufnahme.
- Die Auflösung von Arzneimitteln zum Beispiel durch fettreiche Nahrung führt durch die verzögerte Magenentleerung zu einer längeren Verweilzeit im Magen. Dadurch verlängert sich die Zeit, in der das Medikament zerlegt wird und sich der wirksame Stoff lösen kann. Die Folge ist, daß ein größerer Anteil aufgenommen werden kann. Beispiel: Pilzmittel lösen sich gut in Fett.
- Zunahme der Leberenzymaktivität (Enzyminduktion) zum Beispiel durch Brokkoli, Rosenkohl, Wirsing (vor allem in Kombination mit Selen). Diese Kreuzblütler enthalten Indolverbindungen, wodurch die Wirkung auf den First-pass-Stoffwechsel intensiviert wird. Dies geschieht ebenfalls bei eiweißreicher Nahrung hinsichtlich der Aminosäuren. Dadurch wird unter anderem Phase 2 der Leberentgiftung gestärkt.

Welche Faktoren bestimmen außerdem noch die Wirksamkeit von Arzneimitteln?

1. Magenfunktion bezüglich:
– der Magensäuresekretion.
– der Geschwindigkeit der Magenentleerung.
2. Säuregrad (pH-Wert):
– der Nahrung.
– der verschiedenen Teile des Magen-Darm-Systems.
3. Qualität und Quantität der Nahrung:
– molekulare Konzentration, Konsistenz und Teilchengröße, Nahrungsmittelzusammensetzung, Temperatur und energetische Dichte der Nahrung.
4. Verdauungskapazität, die unter anderem abhängt von:
– der Magenfunktion gemäß Punkt 1.
– der Enzymleistung der Bauchspeicheldrüse.
– der Gallensekretion.
– der Enzymtätigkeit im Darm.
5. Qualität der Darmflora:
– Die bakterielle Mikroflora im Darm darf nicht gestört sein. Für die Verdauung von Speisen und die Aufbereitung und Resorption von Vitalstoffen ist eine ausreichende Zahl von Darmbakterien wie zum Beispiel Azidophilus und Bifidus notwendig.
6. Darreichungsform:
– Tablette, Pulver, Zäpfchen.
– Das in Brausetabletten enthaltene Bikarbonat verbessert die Löslichkeit.
7. Resorption, die beeinflußt wird durch Genußmittel:
– Eine Abnahme der Resorption ist beim Genuß von Kaffee, Tee, Gewürzen, Limonaden, insbesondere Cola, Alkohol, Milch und Schokolade zu beobachten.
– Eine Verbesserung der Resorption ist beim Genuß von Eiweißen zu beobachten. Weiterhin wird der Leberstoffwechsel in diesem Fall angeregt.

Lebensmittel/ Getränk	**Arzneimittel**	**Resorption**	**Besonderheiten**
fettreich	Griseofulvin (Pilzmittel)	Steigerung	—
eiweißreich	Eisen	Steigerung	Mit Kaffee und Antazida (Magensäure bindende Mittel) Verminderung der Wirkung
eiweißreich	Theophyllin (für Broncho-spasmen)	Steigerung	Beschleunigt den Stoffwechsel bei PAKs*
eiweißreich	Levodopa (Parkinsonmittel)	Verminderung	Verringerte Wirkung, verstärkter Abbau, ebenso mit B_6
Milch	Tetrazykline (Antibiotika)	Verminderung	Bildet mit Antazida Komplexe mit Kalzium, Magnesium und Aluminium, Verminderung von deren Resorption
Milch	Zinksulfat	Verminderung	
Limonade	Erythromycin (Antibiotikum)	Verminderung	
Kaffee, Tee, Gewürze	Neuroleptika	Verminderung	
Kalziumphytat	Zink, Eisen	Verminderung	Bildet mit Tetrazyklin Komplexe mit entsprechender Verminderung der Wirkung beider Stoffe
Pektin, Kohlenhydrate	Paracetamol	Verzögerung	Beschleunigt den Stoffwechsel bei Kreuzblütlern
Alkohol	Alkohol hat zahlreiche negative Wirkungen auf Arzneimittel		
Zitrusfrüchte	Kumarinderivate	auch bei Vitamin A, E Störung der Blutgerinnung	

*PAKs: polyzyklische aromatische Kohlenwasserstoffe

Weitere wichtige Faktoren, die die Verwertung von Arzneimitteln günstig oder ungünstig beeinflussen können, sind Appetit, Geruch und Geschmack. Man kann sagen, daß der Verlust von Geschmack und Geruch den Lebensgenuß verringert. Viele Menschen haben nach der Einnahme von Medikamenten einen bitteren, salzigen Metallgeschmack, ein Hinweis auf eine Leberbelastung. Bei manchen tritt sogar ein Geruchs- und Geschmacksverlust auf. Letzteres kann unter anderem auf einen Zinkmangel durch Enzyminduktion der Leber hinweisen.

Der Appetit kann abnehmen oder aber zunehmen. Der Neurotransmittermechanismus des Hypothalamus (siehe Kapitel 4) scheint in vielen Fällen durch Arzneimittel wie zum Beispiel Serotonin-Antagonisten beeinträchtigt zu werden. Störungen des Zuckerspiegels, die oft nach der Einnahme bestimmter Arzneimittel auftreten, können zu einer Verringerung oder Zunahme des Appetits führen. Vor allem beginnt man durch eine Zunahme des Salzbedarfs vermehrt zu naschen. Dadurch entsteht eine Abwärtsspirale, die den Ernährungszustand weiter verschlechtert. Die Folge hiervon ist wiederum eine reduzierte Entgiftungskapazität der Leber, die unter noch ungünstigeren Bedingungen arbeiten muß.

Eliminationsgeschwindigkeit

Diese ist die Geschwindigkeit, mit der ein Stoff vom Körper umgesetzt oder ausgeschieden wird. In den obigen Kapiteln wurde bereits auf die Unterschiede zwischen *Reh, Tiger* und *Elefant* hingewiesen. Der Reh-Typ braucht am wenigsten schulmedizinische wie alternative Arzneimittel.

Neben der bereits beschriebenen Resorption, Verteilung und dem Stoffwechsel der Arzneimittel spielt auch deren Ausscheidung eine mindestens ebenso wichtige Rolle. Unter bestimmten Bedingungen kann es nämlich zu einer »passiven« Rückresorption der Arzneimittelmoleküle aus der Lichtung der Nierenkanälchen in das Blut kommen. Inwieweit und wie schnell eine solche Rückresorption stattfindet, hängt von verschiedenen Faktoren wie zum Beispiel der Konzentration und der Fettlöslichkeit des Mittels und der Strömungsgeschwindigkeit des Primärharns ab.

Auch der Säuregrad des Primärharns kann die Rückresorp-

Ergänzungsmittel	Arzneimittel	Wirkung
Kalzium	Digoxin (Herzmittel)	Arrhythmie durch gleichsinnige inotrope (die Kontraktilität des Herzmuskels betreffende) Wirkung
Eisen	Penicillamin (Antibiotikum)	Verringerung der Wirksamkeit
Vitamin A	Kumarinderivate (Antikoagulanzien)	Verstärkung der Gerinnungshemmung
Vitamin B_6	Levodopa (Parkinsonmittel)	Verstärkung des peripheren Abbaus von Levodopa
Vitamin B_6	Phenytoin und Phenobarbitale (Epileptika)	Senkung des Plasmaspiegels
Vitamin C	Kumarinderivate	Senkung der gerinnungshemmenden Wirkung; in hoher Dosis: Zunahme der Glukoronkonjugation (Leber), Abnahme der Sulfatkonjugation (Leber), Abnahme der mikrosomalen Enzymaktivität
Vitamin D	Digoxin	Herzrhythmusstörungen potenziert durch Vitamin D-induzierte Hyperkalzämie
Vitamin E	Kumarinderivate	Verstärkung der gerinnungshemmenden Wirkung
Vitamin K	Kumarinderivate	Senkung der gerinnungshemmenden Wirkung
Folsäure	Methotrexat (Zytostatikum)	veränderte Reaktion auf Methotrexat
Folsäure	Phenytoin (Epileptikum)	Senkung des Plasmaspiegels und der Wirksamkeit

Wirkungen von Ergänzungsstoffen auf ein Arzneimittel – Beispiele

tion von Arzneimitteln beeinflussen. So kann zum Beispiel ein Überschuß an Ascorbinsäure (Vitamin C) die Eliminationszeit bestimmter Arzneimittel verlängern.

Allergische und Unverträglichkeitsreaktionen können nach der Einnahme von besonderen Arzneimitteln, aber auch von synthetischen Ergänzungsstoffen auftreten. Dies ist dadurch bedingt, daß sie häufig Zusätze in Form von Farbstoffen, Stabilisatoren, Emulgatoren und Zucker enthalten. Die Reaktionen nach der Mahlzeit, bei der man das Mittel eingenommen hat, erzeugen dann Unsicherheit. Eine Nahrungsmittel-Checkliste einschließlich Medikationsnotizen kann Klarheit schaffen (siehe Anhang, Seite 129). Auch Laktose, das als Füllmittel, und Glutein, das als Bindemittel verwendet wird, können Reaktionen auslösen. Es empfiehlt sich daher, die Zusammensetzung und Wirkung verordneter Mittel stets selbst zu prüfen!

Noch einige weitere Beispiele für Wechselwirkungen:

- Hypertonische Reaktionen auf Käse und die Einnahme von Antidepressiva (Monoaminooxydase-Hemmer). Die biogenen Amine und in der Nahrung wie zum Beispiel Thyramin und Serotonin können mit Neuroleptika, Tuberkulostatika und Antidepressiva sehr unangenehme Wirkungen hervorrufen. Diese Amine können auch bei einer bakteriellen Infektion zunehmen.
- Die gleichzeitige Einnahme von gefäßerweiternden Mitteln und histaminreichen Produkten wie Fisch, Wurst, Schweinefleisch, Käse, Alkohol, Sauerkraut, Bäckerhefe, die bereits gefäßerweiternd wirken.

  Arzneimittel können unsere Vitalstoffvorräte plündern. Magensäurehemmer, Abführmittel, Antibiotika und Kontrazeptiva erfordern eine ergänzende Aufnahme unter anderem des Vitamin-B-Komplexes und der Mineralen Magnesium, Zink und Chrom.

Entzündungshemmende Mittel, Steroide und andere, beeinträchtigen die Prostaglandinsynthese.

Es würde zu weit führen, hier alle spezifischen Wirkungen von Arzneimitteln auf die Resorption, den Stoffwechsel und die Ausscheidung von Eiweißen, Kohlenhydraten, Fetten, Wasser, Elektrolyten und Spurenelementen zu beschreiben, da die Zahl der im Handel befindlichen Medikamente unübersehbar ist.

Antazida	Phosphate, A, D, E, K, Zerstörung von Thiamin
Laxantia	Elektrolyte, Flüssigkeit, Kalium
cholesterinsenkende Mittel	Fett, Eisen, Beta-Karotin, Vitamin A, D, K und Folsäure
Epileptika	Folsäure, Vitamin D, Biotin, Abnahme der Minerale und Vitamine im Serum
Penicillamin	B_6, Kupfer, Eisen, Zink
Sulfasalazin (Magen-Darm-Mittel)	Folsäure, Biotin, Hemmung Folsäure metabolisierender Enzyme
Gichtmedikation	Natrium, Kalium, Fett, Beta-Karotin, Vitamin B_{12}, Laktose-Unverträglichkeit
orale Antidiabetika	Vitamin B_{12}, Inaktivierung der Enzyme für die B_{12}-Funktion

Verminderte Absorption von Ergänzungsstoffen durch Arzneimittel – Beispiele

Dieses Kapitel hat, wie ich hoffe, deutlich gemacht, wie komplex die biochemischen Abläufe und wie wichtig sorgfältige Untersuchungen sind. Arzneimittelmißbrauch führt in Verbindung mit den vielen äußeren chemischen Verbindungen, denen wir heute ausgesetzt sind, dazu, daß unsere eigene »chemische Fabrik«, zu der auch die Leber zählt, vor dem Zusammenbruch steht. Viele Vitamine und Minerale gehen dadurch verloren.

Tips

1. Lesen Sie immer den Beipackzettel eines verordneten Arzneimittels. Prüfen Sie, auf welche Systeme es wirkt, und wenden Sie sich an Ihren Arzt/Therapeuten/Spezialisten, wenn die beschriebenen Nebenwirkungen bei Ihnen auftreten. Bitten Sie den Arzt dann, ein anderes Mittel zu verordnen. Dies gilt auch für Ergänzungsstoffe.
   Gehen Sie bei Übelkeit, Erbrechen, Durchfall, Verstopfung oder Schmerzen im Nierenbereich zu Ihrem Arzt. Lassen Sie sich von einem orthomolekularen Fachmann bezüglich Ergänzungsstoffen beraten.
2. Wenden Sie sich an die obengenannten Ansprechpartner, wenn Sie Arzneimittel einnehmen, die bestimmte ergänzende

Nährstoffe wie zum Beispiel Vitamin B und C unwirksam machen. Viele Arzneimittel verbrauchen Folsäure, Biotin, Vitamin B_6 und B_{12}.

3. Besprechen Sie die Dosierung des Mittels. Wenn Sie ein Reh-Typ sind, empfindlich sind, Untergewicht haben oder sich unzureichend ernähren, ist es wichtig, mit einer schwächeren Dosis zu beginnen, zum Beispiel einem Drittel der empfohlenen Menge.
4. Überwachen Sie mit Hilfe eines Ernährungstagebuchs (siehe das Beispiel Ernährungs-Checkliste auf Seite 129) eventuell auftretende Reaktionen eines Arzneimittels in Verbindung mit der Aufnahme von Eiweißen, Fetten, Kohlehydraten oder mit der Zufuhr von viel oder wenig Flüssigkeit. Man kann übrigens auch von Ergänzungsstoffen allergische Reaktionen bekommen!
5. Experimentieren Sie in Absprache mit Ihrem Arzt bezüglich des *Zeitpunkts der Einnahme*. Der richtige Zeitpunkt ergibt oft eine bessere Wirkung des Mittels. Abendliche Einnahme kann in Zusammenhang mit der aus der Akupunktur bekannten Leber-/Gallenzeit eine ungünstige Wirkung haben.
6. Nehmen Sie Kaffee, Tee, Schokolade, Limonaden, Alkohol, Ergänzungsstoffe und/oder homöopathische Mittel nicht gleichzeitig mit allopathischen Mitteln ein. Lassen Sic sich nochmals ausführlich beraten.

Ergänzungsstoffe sind wichtig, aber es kommt auf Auswahl, Menge, Zeitpunkt und Dauer der Einnahme an.

Die Synergie der Ergänzungsstoffe ist ebenfalls wichtig. Wenn man zum Beispiel nur B_6 ohne Vitamin-B-Komplex einnimmt, führt dies unter anderem zu einem Ungleichgewicht der Vitamin-B_1-Versorgung. Synergie verstärkt die Wirkung und verringert die Möglichkeit negativer biochemischer Verschiebungen der Ergänzungsstoffe im Serum und im Gewebe.

Ich bin eine Verfechterin der Zufuhr von Ergänzungsstoffen. Dieses Kapitel ist jedoch als kritische Anmerkung zur unsachgemäßen Verwendung gedacht, wodurch die orthomolekulare Heilkunde und Diätetik leider in ein ungünstiges Licht geraten ist. Dies ist zu bedauern, denn ein sachkundiger Einsatz von Nährstoffen hat schon vielen Menschen bei chronischen Beschwerden geholfen.

13. Die Leber und spirituelle Transformation

In der Leber laufen vereinfacht gesagt drei wichtige Prozesse ab:

1. Transformation (Umwandlung).
2. Reinigung.
3. Wiederaufbau.

Die Leber hat tagtäglich mit disharmonischen Energien wie zum Beispiel emotionellem Aufruhr und den dazugehörigen Denkmustern zu tun. Emotionen und die damit verbundenen Denkmuster sind Oberflächenwellen oder Kräuselungen eines tiefen »Sees«, den wir das Unbewußte nennen. Dieser »See« ist so tief, daß man immer wieder über die aufwallenden Impulse erstaunt ist. Die Leber muß die Botschaften aus unserer eigenen tiefsten Quelle, dem Unbewußten, reinigen, ebenso die Impulse aus dem kollektiven Unbewußten, das C. G. Jung als erster so genannt hat.

Die Impulse aus der äußeren Welt sind, wie wir in den vorangegangenen Kapiteln festgestellt haben, für sich genommen schon zahlreich und schwierig genug zu »verdauen«. Viele von uns beschäftigen sich neben der Erforschung der oben behandelten Sachverhalte auch mit dem göttlichen Ursprung. Wenn man »Reinigung« unter dem Gesichtspunkt des Umgangs mit Emotionen und den zugehörigen Denkmustern aus unserem Unbewußten – wie zum Beispiel Haß, Schuldgefühlen, Leugnung und Angst – betrachtet, dann kann man Wiederaufbau als die Wiederherstellung beziehungsweise Erkenntnis bezeichnen. Die Befreiung von Selbstverurteilungen erzeugt Liebe, Selbstachtung und Verbundenheit mit allem. Dies ist ein schwieriger Prozeß, denn die meisten von uns leiden unter Selbstvorwürfen. Unverständnis und unbewußte Identifikation mit einer aus den Tiefen unseres »Sees« aufwallenden Emotion können zu einer Intensivierung disharmonischer Energien führen, die wiederum Krankheiten auslösen können. Nur eine unbedingte Liebe, auch zu uns selbst, kann uns vom dritten zum vierten Chakra, dem Herzchakra, transformieren. Wenn man den Prozeß des dritten Chakras als die Wiederherstellung der Leber in ihrer ursprünglichen Form betrachtet, so daß sie ihre Aufgaben wieder einwandfrei erfüllen kann, dann kann uns die Leber bei der Transformation von niedere auf höhere Bewußtseinsstufen helfen, wie wir es vielleicht nie für möglich gehalten hätten. In negativer Hinsicht sieht man DNS-Veränderungen. Positiv betrachtet geschieht, wenn man zu einer Haltung der Hingabe gelangen, sich für das Göttliche bis in den Tiefen einer jeden Zelle öffnen und diesen Prozeß zu Ende führen kann, was nichts mehr mit dem Willen und Denken zu tun hat, eine tiefgreifende Transformation. Bei der Umsetzung der in diesem Buch vorgestellten Anregungen wünsche ich Ihnen viel Kraft und gutes Gelingen.

Anhang

Stoffwechsel-Checkliste

Dieser ausführliche, nach Organsystemen gegliederte Fragenkatalog gibt Aufschluß über den Zustand des Stoffwechsels.

Punkteskala **Datum:**

0 = nie oder beinahe nie
1 = gelegentlich, aber nicht stark
2 = gelegentlich, aber stark
3 = häufig, aber nicht stark
4 = häufig und stark

❑ **Verdauung**

Übelkeit oder Erbrechen	____
Durchfall	____
Verstopfung	____
Bauchschmerzen	____
Völlegefühl	____
Aufstoßen oder Blähungen	____
Sodbrennen	____
Blut im Stuhl	____
Schleim im Stuhl	____
breiiger Stuhl	____
übelriechender Stuhl (säuerlich wie faule Eier / fettig)	____
Summe:	____

❑ **Ohren**

juckende Ohren	____
Ohrenschmerzen, Ohreninfektionen	____
laufendes Ohr	____
Ohrensausen, Gehörverlust	____
Summe:	____

❑ **Augen**

tränende oder juckende Augen	____
geschwollene, gerötete oder verklebe Lider	____
dunkle Ringe oder Schatten unter den Augen	____
Sehstörungen, weiße Punkte oder Schleier im Gesichtsfeld	____
Augenentzündungen	____
brennende Augen	____
Summe:	____

❑ **Mund/Hals**

chronischer Husten ____
festsitzender Schleim im Hals, Hüsteln ____
Halsschmerzen, Heiserkeit, Stimmlosigkeit ____
geschwollene / belegte Zunge, Zahnfleisch, Lippen ____
Mundentzündungen ____
metallischer Geschmack ____
Mandelentzündungen ____

Summe: ____

❑ **Nase**

verstopfte Nase ____
Nebenhöhlenbeschwerden ____
Heuschnupfen ____
Niesanfälle ____
überempfindliche Schleimhäute ____

Summe: ____

❑ **Kopf**

Kopfschmerzen ____
Ohnmachtsanfälle ____
Heuschnupfen ____
Niesanfälle ____
überempfindliche Schleimhäute ____

Summe: ____

❑ **Haut**

Akne ____
Schuppen ____
trockene Haut ____
Haarausfall ____
Hitzewallungen ____
übermäßiges Schwitzen ____
Ekzem ____
juckende Haut / brennende Augen ____
spontan auftretende blaue Flecken ____
ungewöhnlicher Hautausschlag ____

Summe: ____

❑ **Lungen**

Stauungslunge ____
Asthma ____
Kurzatmigkeit ____
Atemnot / Hyperventilation ____
chronischer Husten ____

Summe: ____

❑ **Bewegungsapparat**

Gelenkschmerzen ____
Gelenkentzündung ____
Steifheit oder eingeschränkte Beweglichkeit ____
Muskelschmerzen ____
Beschwerden beim Stehen ____
Gefühl der Schwäche oder Müdigkeit ____
geschwollene Finger (Ödem) ____
Muskelkrämpfe ____

Summe: ____

❑ **Gehirn**

- Gedächtnisschwäche ____
- Verwirrtheit, träge Auffassungsgabe ____
- schlechte körperliche Koordination ____
- Entscheidungsschwäche ____
- Stottern / Stammeln / undeutlich Sprechen ____
- Lernschwierigkeiten ____
- Depressivität ____
- Zittern ____
- Panikanfälle ____
- Emotionelle Labilität ____
- Artikulationsschwierigkeiten ____
- Nadelstichempfindung oder Empfindungslosigkeit ____

Summe: ____

❑ **Herz**

- unregelmäßiger oder aussetzender Puls ____
- schneller oder pochender Puls ____
- Schmerzen im Brustbereich ____

Summe: ____

❑ **Energie / Aktivität**

- Müdigkeit ____
- extreme Erschöpfung nach Anstrengung ____
- Apathie ____
- Hyperaktivität ____
- Ruhelosigkeit ____
- Wittmaak-Ekbom-Syndrom (Syndrom der unruhigen Beine) ____
- häufige Krankheiten ____
- häufige Blutarmut ____
- Schlafstörungen ____

Summe: ____

❑ **Sonstiges**

- häufiges Wasserlassen ____
- häufiges Durstgefühl ____
- Juckreiz am Geschlechtsorgan ____
- Frauen: Ausfluß / vaginaler Juckreiz ____
- analer Juckreiz ____
- Überessen ____
- Gier nach bestimmten Nahrungsmitteln (süß, salzig, bitter) ____
- Übergewicht ____
- Untergewicht ____
- Flüssigkeitsansammlungen ____
- Stimmungslabilität ____
- Angst / Phobie ____
- Aggressivität ____
- Schluckbeschwerden ____
- Überempfindlichkeit gegen Geräusche ____
- Überempfindlichkeit gegen Licht (Sonnenbrille) ____
- Sonnenallergie ____

Allergie gegen chemische Stoffe ____
Nahrungsmittelallergie ____
Muskelschmerzen vor allem in Oberarmen / Oberschenkeln ____
Geruchsüberempfindlichkeit ____
Schwellung der Lymphdrüsen ____
häufige Halsschmerzen ____
Gleichgewichtsstörungen ____
Beschwerden beim Gehen (geringer Radius) ____
häufige Rückenschmerzen ____
gestörte Regulierung der Körpertemperatur ____
starke Blässe (keine Blutarmut) ____
Verlust der Libido ____
kalte Hände und Füße ____
regelmäßig erhöhte Körpertemperatur ____
chronische extreme Müdigkeit ____
stark verringerte Belastbarkeit ____
brüchige / rissige Nägel ____
belegte Zunge ____
am Morgen Schwierigkeiten, wach zu werden ____

Hungergefühl zwischen den Mahlzeiten ____
Neigung zum Grübeln ____
Zittern nach dem Essen ____
Schwindelgefühl, Übelkeit nach dem Essen ____
Alpträume ____
Menstruationsbeschwerden ____
Prostataentzündungen ____
Geschwüre im Mund (Aphthen) oder Magen und Darm ____
Aufstoßen, Sodbrennen ____
Übelriechender Atem und übler Geschmack im Mund ____
niedriger Blutdruck ____
schmerzende Zunge ____

Summe: ____

Gesamtsumme: ____

Auswertung

Bei

- über fünfzig Punkten liegt eine Dysbiose vor.
- über einhundert Punkten: Giftbelastung unter anderem von Darm und Leber.
- über zweihundert Punkten: Pilzinfektionen, Parasiten.
- über dreihundert Punkten: schwere Immunschwäche.

Nahrungsmittel-Checkliste

Diese Liste kann Allergie- oder Unverträglichkeitsreaktionen auf Nahrungsmittel und/oder den Zusammenhang zwischen Medikation und Ernährung klären.

Mahlzeit/ Zeitpunkt	**Nahrungsmittel und Marke**	**Zubereitung und Zutaten**	**Reaktion 1, 2, 3, 4**	**Medikation und Zeitpunkt**
Frühstück:				
Zwischen-mahlzeit:				
Mittagessen:				
Zwischen-mahlzeit:				
Abendessen:				
Abends:				
Nachts:				
Bemer-kungen:				

Vitamine und Minerale: Wirkungen

Wirkung	Vitamine	Mangelerscheinungen
Bildung von Zahnschmelz, günstiger Einfluß auf die Schleimhäute, Knochenzellenbildung, Abwehrkräfte	A	Nachtblindheit, rauhe Haut, Furunkel, Akne, schlechte Entwicklung von Gebiß und Knochen
verdauungsfördernd, Kohlenhydratstoffwechsel, positive Wirkung auf Nervensystem, Muskeln und Herz	B1	schlechte Verdauung, Muskelbeschwerden, Schmerzen, Müdigkeit, Nervosität, Depression, Konzentrationsschwäche
Zuckerstoffwechsel, Bildung roter Blutzellen, günstiger Einfluß auf Schleimhäute	B2*	Entzündung der Mundwinkel, abschilfernde Haut, Verdauungsstörungen, trockene Lippen, Haarausfall
Nervenaufbau, günstige Wirkung auf den Stoffwechsel, beugt Hautentzündungen vor	B3	Schlaflosigkeit, Depressionen, Kopfschmerzen, Reizbarkeit, Appetitverlust, Anstieg des Cholesterinspiegels, geschwollene, gerötete Zunge
erhöht die Widerstandskraft der Schleimhäute, beugt Infektionen vor, fördert das Haarwachstum	B5	Ekzem, Muskelkrämpfe, Lustlosigkeit
regt den Stoffwechsel von Fetten und Kohlenhydraten an, cholesterinhemmend, Wachstum der Blutzellen	B6*	Akne, Blutarmut, Ödem, Schwindel, prämenstruelles Spannungssyndrom
stoffwechselanregend, nervenstärkend, unterstützt die Leberentgiftung, Bildung der Blutzellen	B_{12}	perniziöse Anämie, Müdigkeit, Depressionen, Vergeßlichkeit, Koordinationsstörungen, Schwächung der Abwehrkräfte
Hormonbildung, Stoffwechsel von Fetten, Kohlenhydraten und Aminosäuren	Biotin	Schuppen, Haarausfall, Ergrauen, hormonelles Ungleichgewicht, Dermatitis, Muskelschmerzen
Fettstoffwechsel	Cholin	Kahlheit, Arterienverkalkung
Nervensystem des Fetus, Bildung roter Blutzellen, wachstumsfördernd	Folsäure*	Blutarmut, Müdigkeit, Schlaflosigkeit, gerötete Zunge
beruhigend	Inositol	Ekzem
hält die Haut gesund und geschmeidig, gegen Faltenbildung, Schutz vor der Sonnenstrahlung	PABA	Ekzem
beugt Infektionen vor, stärkt die Widerstandskraft, Bildung von Knochen und Zähnen, Wundheilung	C	Zahnfleischbluten, Bildung freier Radikale, Müdigkeit, Schwächung der Abwehrkräfte, Blutarmut

Wirkung	Vitamine	Mangelerscheinungen
Knochenaufbau, Abwehrkräfte, Nervensystem	D	Knochenerweichung, Sprödigkeit des Zahnschmelzes
Schutz vor Oxidation, Bildung roter Blutzellen, senkt den Cholesterinspiegel, verlangsamt den Alterungsprozeß, gerinnungshemmend	E	allgemeine Schwäche, Bildung freier Radikale, Haarausfall, Durchblutungsstörungen
Wachstum und allgemeines Wohlbefinden, gegen Herzerkrankungen, verbrennt gesättigte Fettsäuren	F	Ekzem, Akne
Wachstum von Knochen und Zähnen, Wachstum und Kontraktion der Muskeln, beeinflußt den Pulsrhythmus, beruhigend	Kalzium	Herzklopfen, Muskelschwäche, Muskelschmerzen, Müdigkeit, Reizbarkeit
kreislaufwirksam, Einfluß auf den Blutzuckerspiegel	Chrom	Faktor bei Arteriosklerose und Diabetes
Härtung der Zähne, Kräftigung der Knochen	Fluor	Müdigkeit, schlechtes Knochenwachstum
Wirkung auf Schilddrüse und Stoffwechsel	Jod	Kropfbildung
Muskelkontraktion, Aktivität des Nervensystems	Kalium	allgemeine Schwäche, Schlaflosigkeit
Blutbildung, Enzymsysteme	Kupfer	Blutarmut
Aktivierung vieler Enzyme, Anti-Streß-Mineral	Magnesium	Nervosität, Verwirrtheit, Pulsbeschleunigung
Aktivierung von Fortpflanzung und Wachstum, Knochen, Knorpel, Enzymsysteme, Atmung, Zuckerstoffwechsel	Mangan	Wachstumsstörungen, Knorpelabbau, Hyperglykämie
Erhöhung der Elastizität des Gewebes, Leberentgiftung	Selen*	frühzeitiger Verlust der Abwehrkräfte
Nervensystem und Haut	Silizium	Störung des Haarwachstums, brüchige Nägel
Sauerstofftransport, Zellatmung	Eisen	Blutarmut
Wundheilung, Förderung der Wachheit, Stärkung der Abwehrkräfte	Zink*	Prostatabeschwerden, weiße Flecken auf den Nägeln, Arterienverkalkung.

*Wird zusätzlich für die Leber benötigt

Vitamine und Minerale: Vorkommen

Vitamine, Minerale	**Vorkommen:**
A	Grünkohl, Algen, Sauerampfer, Fischöl, Karotten, grünes und gelbes Gemüse, Milch, (fetter) Seefisch, Brokkoli, Aprikosen
B1*	Avocado, ungeschälter Reis, Hirse, Weizen, Roggen, Nüsse, Pinien- und Sonnenblumenkerne, Sesamsamen, Hülsenfrüchte, Hafermalz, Fleisch, Eigelb
B2*	Mandeln, Wildreis, Vollkornprodukte, Milch, grünes Blattgemüse, Hülsenfrüchte, Fleisch aus biologischer Haltung, Fisch, Eier
B3	Wildreis, Vollkornprodukte, Eier, Nüsse, Milch, Hülsenfrüchte
B5	Buchweizenmehl, Reis, Sonnenblumenkerne, Vollkorngetreide, Weizenkeime, Grüngemüse, Hülsenfrüchte, Eigelb
B6*	Vollkorngetreide, Sonnenblumenkerne, Weizenkeime, Kohl, Milch, Eier, Fisch, Fleisch aus biologischer Haltung, verschiedenes Gemüse
B12*	Fleisch aus biologischer Haltung, Eier, Seetang, Rosenkohl, Sonnenblumenkerne, Mandeln
B13	Karotten, Gemüse, Molke
B15	Vollreis, Getreide, Samen (Sesam), Aprikosenkerne
B17	Kerne von Aprikosen, Äpfeln, Pfirsichen, Pflaumen; Linsen, Buchweizen, Hirse
Niacin	Vollkornprodukte, Weizenkeime, Eier, Hülsenfrüchte
Inositol	Grapefruit, Nüsse, Joghurt, Hafer, Mais, Weizenkeime
Cholin	Eigelb, Weizenkeime, Lezithin, Nüsse, Hülsenfrüchte
H (Biotin)	Vollreis, Hafer, Nüsse, Obst, Eigelb, Milch, Gemüse
Folsäure*	Blattgemüse, Spargel, Weizen, Hülsenfrüchte, Nüsse, Milch
PABA	Getreide, Vollreis, Weizenkeime, Alfalfa
C	Sanddorn, Zitrusfrüchte, Hagebutten, Johannisbeeren, Brokkoli, Blumenkohl, Kartoffeln, grünes Blattgemüse, Rosenkohl, Kiwi, Petersilie
E	Sesamsamen, Sonnenblumenkerne, Nüsse, Mais, Rosenkohl, Weizenkeimöl, Sojaöl, Vollkornprodukte, Eier, Alfalfa
F	Sojabohnen, Kürbiskerne, Nüsse, kaltgepreßtes Leinöl, Makrele, Thunfisch, Sardinen
K	(Blumen-)Kohl, Spinat
Kalzium	Milchprodukte, Mandeln, Brokkoli, Stielmus, Sesamsamen, Brunnenkresse, Algen, Sojabohnen, Sojaprodukte, Nüsse, Sonnenblumenkerne, Bohnen
Chlor	Meersalz, Seetang, Oliven

Chrom	Muscheln und Schalentiere, Getreideöl, Vollkornprodukte
Phosphor	unbehandeltes Getreide, Eigelb, Nüsse, Samen, Bohnen, Fleisch aus biologischer Haltung
Jod	Fisch, Muscheln und Schalentiere, Seetang, Meersalz, Zwiebeln
Kalium	Algen, Mandeln, Zitrusfrüchte, Brunnenkresse, grünes Blattgemüse, Sonnenblumenkerne, Kartoffeln, rote Bete, Petersilie, Bananen, Tomaten
Kobalt	Milch, Muscheln und Schalentiere
Kupfer*	Nüsse, Fisch, Muscheln und Schalentiere, unbehandelter Weizen, Pflaumen
Magnesium*	Hülsenfrüchte, Mandeln, Cashewnüsse, Seetang, Zitronen, Grapefruit, Nüsse, Samen, dunkles Gemüse, Äpfel, Avocados, Kokosnüsse, Vollkornprodukte, bestimmte Mineralwässer, zum Beispiel Apollinaris
Mangan*	Nüsse, grünes Blattgemüse, Erbsen, rote Bete, Hülsenfrüchte, Eigelb, Vollkornprodukte
Molybdän*	dunkles Blattgemüse, unbehandeltes Getreide, Hülsenfrüchte
Q10*	Fisch, Bohnen, Brokkoli
Selen*	Kleie, Knoblauch, Seetang, Zwiebeln, Brokkoli, Weizenkeime, Tomaten
Eisen	Seetang, Hülsenfrüchte, Vollkornprodukte, Pfirsiche, Aprikosen, Eigelb, Nüsse, Bohnen, Hafermalz, Fleisch aus biologischer Haltung, Roggenbrot, rote Bete, Petersilie, Portulak, Stielmus, Radieschen, Schnittbohnen, Spinat, Brunnenkresse
Zink*	Weizenkeime, Eier, Gemüse, gekeimte Samen (unter anderem Alfalfa, Soja), Fleisch aus biologischer Haltung, Sonnenblumen- und Kürbiskerne
Schwefel*	Bohnen, Eier, Kohl

Aminosäuren: Vorkommen

Aminosäure	Vorkommen
Arginin	Nüsse, Zwiebeln, Samen, Getreide, Hülsenfrüchte
Karnitin	Rindfleisch, Molkereiprodukte
Zystin	Getreide, Nüsse, Samen, Bohnen, Eier, Zwiebeln und Knoblauch
Glutaminsäure	Rindfleisch, Getreide, Molkereiprodukte
Histidin	Rindfleisch, Molkereiprodukte
Lysin	Rindfleisch, Fisch, Eier, Milch, Linsen, Hülsenfrüchte; bei Herpes Vorsicht mit einem hohen Arginin-Lysin-Verhältnis. Dieses findet sich unter anderem in Gelatine, Schokolade, Carob, Kokosnuß, Hafer, Vollkorn- und weißem Mehl, Erdnüssen, Sojabohnen und Weizenkeimen.
Methionin	Rindfleisch, Huhn, Fisch, (Soja-) Bohnen, Eier, Quark, Knoblauch, Zwiebeln, Sardinen, Joghurt, Molkereiprodukte, Samen, Nüsse, - Kürbiskerne, Sesamsamen, Linsen
DL-Phenylalanin	Getreide, Nüsse, Rindfleisch, Molkereiprodukte, Samen
Taurin	Fisch, Meeresfrüchte, Rindfleisch
Tryptophan	Datteln, Bananen, Hüttenkäse, Eier, Getreide, Rindfleisch, Soja-Eiweiß, brauner Reis, Quark, Fisch, Sesamsamen, Lammfleisch, Kürbiskerne, Linsen
Tyrosin	Rindfleisch, Eier, Molkereiprodukte, Getreide, Hülsenfrüchte

Literaturhinweise

Assagioli, Roberto: Die Schulung des Willens. Methoden der Psychotherapie und der Selbsttherapie, Junfermann, 1982.

Diekstra, René: Schritte zum Selbst. Die eigene Persönlichkeit verstehen. Trias, 1994.

Freud, Anna: Das Ich und die Abwehrmechanismen. Fischer, 18. Aufl. 1996.

Haas, Elson M.: Das Entgiftungsprogramm. Ein Praxisbuch für die innere Reinigung. Goldmann, München, 1998.

Rose, Wulf-Dietrich: Elektrosmog, Elektrostreß. Kiepenheuer und Witsch, Köln, 1994.

Silva, Jose/Stone, Robert B.: Der Heiler in Dir. Goldmann, München, 1990.

Nützliche Anschriften

Wellness Versand Dr. Heins GmbH
Neue Rabenstr. 3
20354 Hamburg
Tel. 0 40 / 4 15 20 33
Fax 0 40 / 41 52 03 53

GOLDMANN

Die heilende Kraft der Pflanzen

Petra Neumayer, Das Geheimnis im Grapefruitkern 13997

Julia Lawless, Das Tea-Tree-Öl 13938

Stephen Fulder, Das Buch vom Ginseng 13836

Anita Höhne, Heiltees 13824

Goldmann • Der Taschenbuch-Verlag

Vierte Auflage • Neue Wege Neue Gasthöfe

Wandern und Einkehren
Pfälzerwald

Naturpark Pfälzerwald mit Wasgau
Dahner Felsenland - Urlaubsregion Hauenstein
Trifelsland - Gräfensteiner Land - Pirmasens-Land

Wallhalbtal-Sickinger Höhe

Deutsche Weinstraße
von Bockenheim bis Schweigen
Leiningerland - Bad Dürkheim - Neustadt
Südliche Weinstraße - Landauland - Wild- u. Wanderpark

Zwischen Wein und Rhein
Haßloch - Hayna - Kandel

Burgen und Schlösser

Donnersberg

Neu: Elsässisches Grenzgebiet/Nordvogesen
Weißenburg – Climbach – Lembach – Nieder- u. Obersteinbach

Stadtrundgänge - Ortsbeschreibungen
u. a. Annweiler - Bad Bergzabern - Bad Dürkheim - Birkweiler - Dahn - Dernbach - Dörrenbach - Deidesheim - Edenkoben - Edesheim - Gleisweiler - Großkarlbach - Haßloch - Hauenstein - Kallstadt - Leinsweiler - Leistadt - Lembach - Mußbach – Neuleiningen - Neustadt - Pirmasens - Ramberg - Rhodt u. R. – Rodalben - Rockenhausen - Schweigen - Siebeldingen - St. Martin - Trippstadt - Ungstein - Wachenheim - Weißenburg - Weisenheim a. B.

Was für ein Land: Unendliche Wälder, weich gerundete Hügel, stattliche Berge, anmutige Täler, mächtige bizarre Felsgestalten, muntere Bäche, verträumte Seen, stolze Burgen und Schlösser, romantische Burgruinen, liebenswerte Städte und Dörfer mit prächtigen alten Bauten, ein Rebenmeer bis zum Horizont, ein edler Tropfen für Kenner und Genießer, kredenzt in einladenden Gasthöfen! Das alles und mehr vereint sich im riesigen Pfälzerwald, majestätischen Donnersberg, der fröhlichen Deutschen Weinstraße und den verlockenden Nordvogesen.
Der „Naturpark Pfälzerwald“ und der „Naturpark Nordvogesen“ sind anerkannte UNESCO-Biosphärenreservate der Welt.
Die schönsten Wanderwege durch dieses herrliche Land und die gemütlichsten Gasthöfe finden Sie in diesem Buch.

Ein Buch für Genießer

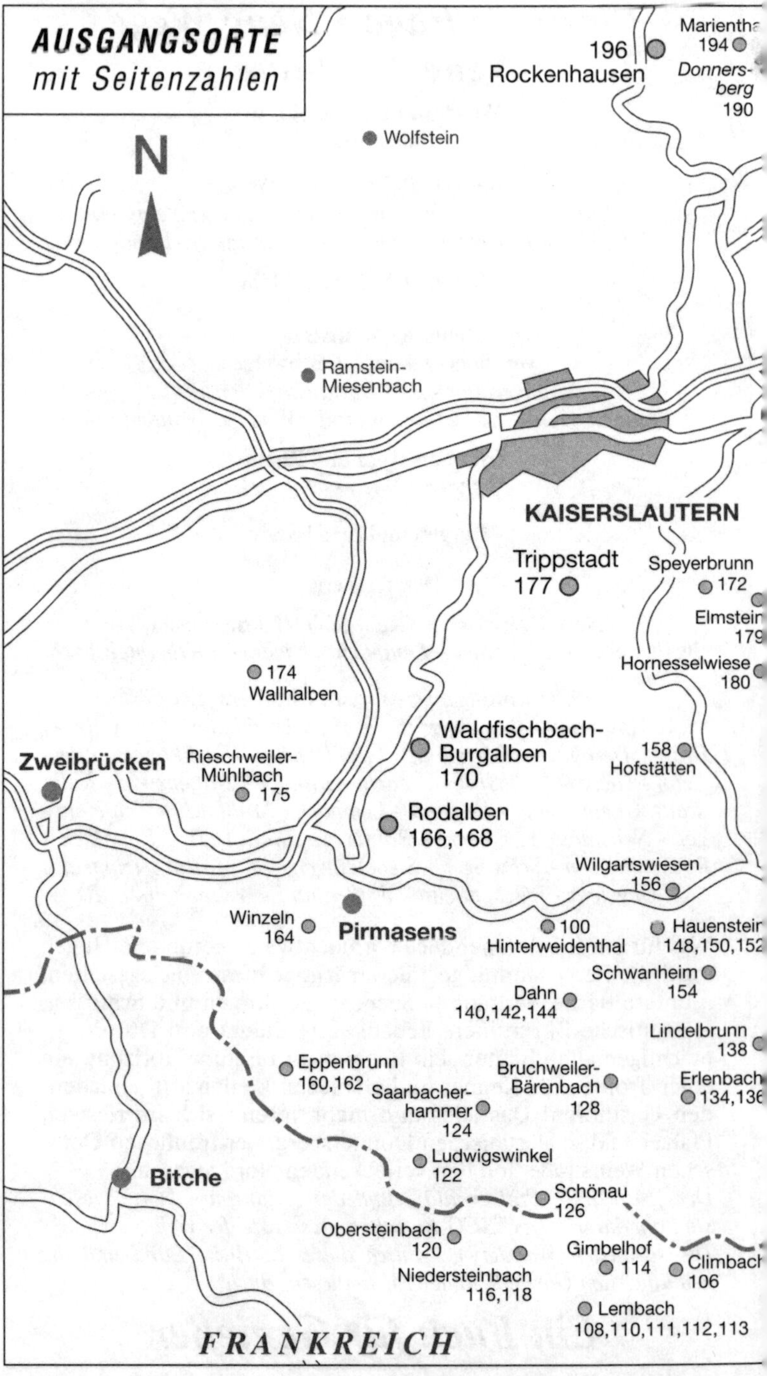
AUSGANGSORTE
mit Seitenzahlen
N
196 Rockenhausen
Marientha
194
Donnersberg
190
Wolfstein
Ramstein-Miesenbach
KAISERSLAUTERN
Trippstadt
177
Speyerbrunn
172
Elmstein
179
Hornesselwiese
180
174
Wallhalben
Waldfischbach-Burgalben
170
158
Hofstätten
Zweibrücken
Rieschweiler-Mühlbach
175
Rodalben
166,168
Wilgartswiesen
156
Winzeln
164
Pirmasens
100
Hinterweidenthal
Hauenstein
148,150,152
Schwanheim
154
Dahn
140,142,144
Lindelbrunn
138
Eppenbrunn
160,162
Bruchweiler-Bärenbach
128
Erlenbach
134,136
Saarbacherhammer
124
Ludwigswinkel
122
Bitche
Schönau
126
Obersteinbach
120
Gimbelhof
114
Climbach
106
Niedersteinbach
116,118
Lembach
108,110,111,112,113
FRANKREICH